丛书编委会

大家精要
典藏版丛书

简读 尼采

王岩 高清军 著

陕西师范大学出版总社　西安

图书代号　SK24N1891

图书在版编目(CIP)数据

简读尼采 / 王岩，高清军著 . — 西安：陕西师范
大学出版总社有限公司，2024.11
（大家精要：典藏版 / 郭齐勇，周晓亮主编）
ISBN 978-7-5695-4141-0

Ⅰ . ①简… 　Ⅱ . ①王… ②高… 　Ⅲ . ①尼采（
Nietzsche，Friedrich Wilhelm 1844-1900）—人物研究
Ⅳ . ① B516.47

中国国家版本馆 CIP 数据核字（2024）第 027790 号

简读尼采
JIAN DU NICAI

王　岩　高清军　著

出 版 人	刘东风
策划编辑	刘　定　陈柳冬雪
执行编辑	王西莹
责任编辑	王雅琨
责任校对	宋媛媛
封面设计	龚心宇　张潇伊
出版发行	陕西师范大学出版总社
	（西安市长安南路 199 号　邮编 710062）
网　　址	http://www.snupg.com
印　　刷	深圳市福圣印刷有限公司
开　　本	889 mm × 1194 mm　1/32
印　　张	6.875
插　　页	4
字　　数	120 千
版　　次	2024 年 11 月第 1 版
印　　次	2024 年 11 月第 1 次印刷
书　　号	ISBN 978-7-5695-4141-0
定　　价	49.00 元

读者购书、书店添货或发现印装质量问题，请与本公司营销部联系、调换。
电话：（029）85307864　85303629　　传真：（029）85303879

目 录

1

第1章

悲苦的童年

"在我早年的生涯里,我已经见过许多悲痛和苦难,所以全然不像孩子那样天真烂漫、无忧无虑……从童年起,我就寻求孤独,喜欢躲在无人打扰的地方。这往往是在大自然的自由殿堂里,我在那里找到了真实的快乐。"

"那一切本属于其他孩子童年的阳光并不能照在我身上,我已经过早地学会成熟地思考。"

——弗里德里希·威廉·尼采

"小皇帝"诞生

1844年10月15日，正当普鲁士人们为他们伟大的国王弗里德里希·威廉四世庆祝生日的时候，在距莱比锡以南几公里处洛肯镇的一个牧师家庭，尼采呱呱坠地。经由国王恩准，父亲便以国王的名字为儿子命名。后来，尼采曾说道："无论如何，我选择在这一天出生，有一个很大的好处，在整个童年时期，我的生日就是举国欢庆的日子。"尼采的出生对家庭有着特殊的意义，这幼小的生命给全家带来了新的希望和活力，全家人对小家伙呵护备至。小尼采说话比较晚，到了该说话的时候，小尼采就是不会说话，这下可把全家人急坏了，就带他去看医生。医生说："这孩子健康着呢，就是你们为他想得太周到了，他还需要说话吗?"可见全家人对小尼采疼爱的程度。

尼采的家庭是个虔诚的基督教庇护所，世代信奉路德教，敬畏上帝，正直、宽厚、友善，受人尊敬，体现了德国牧师家庭的各种美德和道德信念。祖父曾担任过教区监督，是一位颇具才华且勤勉的神职人员。受法国大革命的影响，面对康德的批判哲学和西方无神论逐渐扰乱德国人心，他奋起捍卫宗教的神圣、纯洁和庄严。1804年，他写了一篇题为《论促进关于宗教、教育、臣民义务和人生的一种合理的思想方法》的文章，后来，又写了不少维护基督教的文章。令他想不到的是，正是这个迟迟不能开口说话的"小皇帝"，多年后竟然用"铁锤"砸碎了他苦心维护的基督教，且公然宣告："上帝死了！上帝死了！我们杀死了他！"当他的妻子撇下七个孩子去世之后，他娶了一个出身牧师家庭的年轻寡妇。这次再婚生了三个孩子，头两个是女儿，即尼采的姑妈奥古斯特和罗莎丽，最后生下来的是男孩——卡尔·尼采，即尼采的父亲。

尼采之父卡尔·尼采生于 1813 年，是一个富有艺术才能而且非常热情的人。他高超的音乐才能深受宫廷人士欢迎。起初，卡尔·尼采是一个家庭教师，在任阿尔腾堡公爵的小姐们的教师的时候，普鲁士国王弗里德里希·威廉四世命令他到萨克森州洛肯镇做牧师。于是，卡尔·尼采带着两个未婚的姐姐迁到了洛肯镇。1843 年，30 岁的卡尔·尼采与一位 17 岁的年轻女子弗兰切斯卡·奥勒结婚。弗兰切斯卡·奥勒是乡村牧师的女儿，是一位性格温柔、和善、虔诚的新教徒。次年，他们生下了尼采，1846 年尼采有了妹妹伊丽莎白，1848 年尼采的弟弟约瑟夫出生。

尼采四岁以前的童年时光是"快乐的"，他经常拉着奶奶和两位姑姑的手聆听她们讲述一个个动听的故事。在奶奶所讲的故事里，尼采熟识了家族高贵的血统。尼采曾在自传中宣称："我的祖先是波兰贵族。因此，我的肉体具有许多种族本能。"由于故事的内容无从考证，尼采又不太肯定地说："谁知道呢?"但不论怎么样，家族高贵血统的传说在尼采心里打下了深深的烙印。尼采自小就有的这种贵族的傲气，或许是使他孤独最后走向疯狂的一个原因。

与家庭优越的环境相比，尼采的身体状况一直牵动着全家人的心。刚出生时尼采头大身子小，眼睛也有点斜视。在继承家族高贵血统的同时，也从父亲那里遗传了慢性头痛症、视力衰弱症，这使得尼采饱受世人的白眼和讥讽。这一切都在他幼小的心灵里埋下了孤僻、忧郁的种子。

感 受 死 亡

1849 年，德国南部各城邦先后爆发革命，革命打破了原有社会秩序的同时，也粉碎了尼采父亲捍卫的神圣使命。尼采父亲看不惯当时革命者的破坏和统治者的妥协，避开世俗的喧嚣，把自己锁在书房里接连几天苦思冥想。自那以后，尼采父亲的身体开始表现出不适，不久被诊断为"脑软化"。至 7 月 30 日，家庭的丧钟敲响了，钟声弥漫在尼采家庭的每个角落，热情、善良的牧师撇下年迈的母亲和三个幼小的孩子，带着他的无限悲苦和未完成的神圣使命离开了人世。家里的顶梁柱没有了，一群女人围着死去的卡尔·尼采哀伤痛哭，接着就是丧钟声、赞美诗、祈祷，然后全家人目睹他的灵柩被缓缓地放到教堂冰冷的石板下。这一切对尼采来说都历历在目，死亡、悲痛、埋葬、坟墓，使幼小的尼采感受到了生离死别的凄凉。父亲的死是尼采幼小心灵上抹不去的阴影，在他写《瞧！这个人》时，曾道："我父亲36岁就死了：他文弱可亲而多病，就像一个注定短命的人——与其说他是生命本身，倒不如说是对生命的亲切回忆。在我父亲生命衰老之年，我的生命也开始衰老了。在36岁那一年，我的生命力降到了最低点——我仍然活着，但看不清三步以外的东西。"当时的他仍拿自己的生命与父亲的生命相比较。

噩梦并没有结束，父亲去世后几个月，年仅2岁的弟弟又夭折了。尼采，一个年仅5岁的孩子不得不再次经历与亲人的生离死别，死亡、号啕痛哭、埋葬、凄冷的宁静，这一切都使得这幼小的生命提前感受到人生的大悲之苦，也使得他幼小的心灵对悲剧产生了特殊的敏感。

> 当一个人掠去了一棵树的花冠时，整棵树都枯萎了，鸟儿也不再栖息于枝头。我们家的花冠已经被夺走了，欢乐离开了我们的心房，深深的悲哀却

成了我们的所有物。心灵的创伤未愈合就又被割开了。

短短几个月中失去了两位亲人，尼采的家庭虽不算地位显贵，但也由普通民众着实羡慕的牧师家庭变成了"孤儿寡母"与"不幸"的代名词。

屋漏偏逢连阴雨，亲人去世不久，一直居住的牧师住宅又要被收回。尼采一家一时不知去往何处。迫于无奈，老祖母决定举家迁往她的娘家瑙姆堡。刚刚离别了亲人，而今又要离开自己出生、成长和父亲与弟弟长眠的地方，尼采心里有一百个舍不得……

晚祷的忧郁钟声传到前厅，夜色笼罩大地，天空一轮明月，繁星闪烁。我久久不能入睡，夜半时分，我悄悄走到院子里。这里停着许多满载的大车，车夫们朦胧的脸庞在院子里隐约闪现。我简直不相信这就要去另一个地方安家。我在这里品尝过欢乐和痛苦，这里安葬着父亲和小弟，这里的居民始终和睦相处，离开这村子是多么痛苦的事情啊！天蒙蒙亮，大车穿过乡间大道，把我们运往瑙姆堡，我们将在那里安家。别了，别了，亲爱的父宅！

流亡瑙姆堡

1850年4月，尼采随全家（**祖母、两个未结婚的姑姑、母亲和妹妹**）搬到了瑙姆堡。瑙姆堡位于萨克森－安哈特州南部，是翁斯特鲁特河与萨勒河汇流处的一座历史名城。这里有着全德国最漂亮的大教堂，建造日期可以追溯到1213年。对于尼采这个来自乡下的孩子来说，这里的一切都充满着新鲜与好奇。据尼采回忆："瑙姆堡是我们旅行的目的地，它给我的印象极不平常。这里有很多的新事物，教堂、房舍、公共广场和街道，这一切激起我的惊奇，一开始就使我的感官进入了光怪陆离的世界。它的周边也引人入胜，那美丽的山峦和河谷、宫殿和古堡，一切都使我古老家乡的质朴情调相形见绌。"

来瑙姆堡不久，6岁的尼采奉母之命到市属学校读小学。在学校里，尼采是一个循规蹈矩的学生。有一次放学的时候，忽然下起大雨，其他的孩子有的打着雨伞匆匆回家，没带雨伞的男孩子也都狂奔着一溜烟地回家了。尼采没带雨伞，但他没有跑，而是把帽子藏到写字用的石板下，头上顶着块方形手帕，在雨中平静地走着……他浑身湿漉漉地回到家里，面对母亲的责备，他认真地答道："妈妈，我们的校规明文规定：在离校时，孩子们不得跳跃和乱奔跑，而应当安静地、举止文雅地走回家。"

自幼受虔诚妇女们的影响以及对父亲的怀念，尼采希望自己像家族里其他男子一样成为一个接近上帝的牧师。尼采由于自幼在女人的呵护下长大，变得娇惯、脆弱、羞涩、内向、文弱。特别是受虔诚基督教徒母亲的影响，尼采始终认为自己保持着高贵的清教徒本色。这使得他不能忍受学校里孩子们的谩骂、打斗、说谎等行为，课余时间他经常一个人手捧《圣经》在校园的草坪上边走边读，虔诚的样子颇让人感动，人们称他为"小牧师"。后来他也曾写到，在12岁那年，他看见了光辉灿烂的上帝。

离开家接触社会的第一步，就使得尼采很失望、很沮丧。这段为时不长的经历却在尼采幼小的心灵上烙下了深深的印记。

尼采并不适应这所中规中矩的学校，第二年春天转学到了一所私立学校，它是大教堂文科学校特别设立的学校。尼采在这里主修《圣经》，学习古希腊语和拉丁语及宗教课程。在这段时间里，尼采时常眼痛、头痛，在强烈的太阳光下他几乎不能睁开双眼。所以，当时的他喜欢在黑暗、幽静和孤独的夜晚从事他喜欢的事情，也因此缺了不少课程。

他的好友在后来的叙述中曾这样描述他当时的情况：

"他基本的特点是忧郁。从童年时起他就喜欢独处和深思。他心地善良而又深沉。虽然还是个孩子，但他当时已经在思考许多宗教和哲学问题。作为一个男孩子，他醉心于各种他自己发明的游戏。他从不作任何未经思考的事情，而且不论他做什么事情都有明显的目标和充分的理由。谦虚和知恩也是他的两个主要特点。"而据尼采自己回忆："在我早年的生涯里，我已经见过许多悲痛和苦难，所以全然不像孩子那样天真烂漫、无忧无虑……从童年起，我就寻求孤独，喜欢躲在无人打扰的地方。这往往是在大自然的自由殿堂里，我在那里找到了真实的快乐。""那一切本属于其他孩子童年的阳光并不能照在我身上，我已经过早地学会成熟地思考。"

虽然生性孤僻的尼采对交际很冷淡，但他内心充满了对友谊的渴望。在这所私立中学里尼采结识了他最初的好朋友——威廉·平德尔和古斯塔夫·克鲁格。出于对文学的爱好，尼采与平德尔成了很好的朋友，并时常拜访平德尔的家，与平德尔一起交换作品，交流写作经验和写作感受。平德尔的父亲是一个文学修养很高的法学家，常不失时机地给孩子推荐一些优秀的文学作品，这使得他们二人能在浩瀚的文学海洋中很好地欣赏到文学的精髓之美。尼采正是在这里第一次接触到了歌德、海涅、拜伦等优秀的文学家。与平德尔的结交使得尼采对写诗更是热爱，甚至到了狂热的地步，他甚至下决心要每天写一首诗。当然这只能是决心，是计划，最终未能实现。不过 14 岁的尼采已经渐渐地掌握了诗韵和格律，并自己总结出了一些文艺理论知识："一首用空话和概念堆砌起来的、内容空洞的诗，就如一只内里生虫的红艳艳的苹果。在一首诗里，应该完全去掉套语，因为经常用空话证明一个人自己不能有所创造。"他希望自己以后能多写一些诚实的、没有修饰的东西，《生活是一面镜子》正是这样的创作：

生活是一面镜子，

我们梦寐以求的

第一件事情就是

从中辨认出自己！！

从这首淡然的小诗中，折射出了"认识你自己"的哲学思想。尼采还是一个很有勇气的小作家，14 岁就开始写自己的自传，在其自传里他把自己的诗歌分为三个阶段。第一阶段是早年的诗歌，主要是指他 9 岁前写的以描写自然风光为主的作品，如海上离奇的风光、烈火等。其中有一首诗就是描写一个漫游者在卡尔塔果城的废墟中打盹儿。梦神给他的灵魂展示这座城市过去的繁荣景象，然后它的命运开始衰败。他醒来后，悟出了人间幸福的短暂和命运的无常。但在这一阶段，尼采的言语烦冗生硬。第二阶段主要是他 9

岁以后到 14 岁遇到平德尔以前。在这一阶段，他已经会用华丽的言语和委婉动人的笔调来表达自己的感情。也正是在这时，他的诗歌创作进入了一个小高潮，仅 10 岁那年就创作五十五首小诗。12 岁时，尼采写下了他第一篇具有哲学意味的文章——《论恶的起源》（笔记中写满了诗歌），他还计划写一本书。第三阶段就是他 14 岁及以后的阶段，此时的尼采渐渐具有敏锐的观察能力、非凡的言语才能并开始掌握诗韵和格律。

悠扬的晚祷钟声，

在田野上空回荡，

仿佛要向我表明，

在这个世界之上，

终究没有人找到

家乡和天伦之乐；

我们从未摆脱大地，

终究回到它的怀抱。

当钟声悠悠回响，

我不禁悄悄思忖：

我们全体都滚滚

奔向永恒的故乡。

谁人在每时每刻

挣脱大地的羁勒，

唱一支家乡牧歌，

赞颂天国的极乐。

尼采把这首诗题名为《归乡》，它向大家讲述了一个长期漂泊者试图寻找生命永恒的归宿。一个幼小的 14 岁少年，能够写出这样寓意深刻的诗歌，真与他稚嫩的身体很不相符。

尼采不仅喜欢诗歌，还非常喜欢音乐。他的父亲和外祖父都是音乐爱好者，特别是他的父亲在音乐方面颇有造诣，常常被邀请到宫廷进行演奏，有时还能即兴演奏出动听的曲子。尼采从小就耳濡目染，对音乐产生了浓厚的兴趣，并且也能够进行即兴创作、演奏歌曲。对尼采来说，音乐是一种美好的东西，它可以使他陷入深思，如果没有音乐他的生活不知道会如何度过。

尼采和他的另一个好友克鲁格的友谊就缘于音乐。他们在音乐上的共同爱好，使他们成为很好的朋友。克鲁格的家也是一个音乐之家，他的父亲是当地一位小有名气的乐师，在当地的音乐界很有人缘。也正是在克鲁格父亲的帮助下，尼采有幸得到专业水平较高的老师的指导，并接触到了像莫扎特、舒伯特、贝多芬、巴赫、海顿、门德尔松等著名的音乐家。加上他的音乐天赋，尼采比较顺利地掌握了丰富的音乐知识。音乐在尼采以后的精神生活中扮演着重要角色，影响着他的精神、学术等诸多方面，直到他离开这个世界。他的《威尼斯》就是其音乐创作天赋的经典之作：

在这黄昏的夜晚。

我伫立在桥边。

远处飘来的歌声，

像金色的雨点，

在朦胧的水面上飞溅。

音乐、灯火、小船——

荡漾在醉沉沉的水面。

我的心弦

被无形地拨动，

悄悄弹奏一支船歌，

战栗在绚丽的欢乐前。

——我们可有谁听见？

这是一首经典的乐曲，更是一首优美的诗歌。尼采把自己对生活的体验和感悟融入诗歌和音乐之中，用诗歌和音乐来慰藉他孤寂的心灵。

普福塔的高才生

　　1858 年 10 月，尼采在诗歌和音乐方面的出色表现和优异成绩，使得他获得一份数额可观的奖学金，并被推荐进入了令人羡慕的普福塔学校。普福塔学校坐落在萨勒河畔，是一座具有悠久历史和优良传统的学校。它建成于 12 世纪，由一些修道僧徒们修建。16 世纪该教团被撒克逊君王驱逐，但定居于此的路德教派的信徒们把这所学校的优秀传统和丰富的教学方法继承下来。学校以古典教育闻名，重视学生人文精神与信教理论的培养，先后培养出了诺瓦利斯（1772—1801，德国著名的浪漫主义诗人）、费希特（1762—1814，德国著名哲学家）、施莱格尔兄弟等著名人士。

　　普福塔是一所寄宿制学校，学校规定每一位学生都必须吃住在校。因此，虽然普福塔学校距瑙姆堡只有大约一小时不到的路程，但尼采必须离开家，离开母亲的怀抱，独自一人寄宿于学校，开始他外地求学的生活，这也意味着尼采童年时代的结束。14 岁以前的尼采一出生就是家里的焦点，从没有离开过疼爱甚至是溺爱他的家庭，一直生活在祖母、母亲、姑姑和妹妹一圈女性宠爱的封闭空间里，因而他这次寄宿在普福塔学校是其第一次真正意义上的独立生活。

然而，尼采并不喜欢这所学校。当尼采第一眼看到学校六米多高的围墙时，就感叹道，这哪是学校，分明是一座"监狱"。尼采在这里生活学习了六个春秋，每周都要学习六个小时左右的希腊文，前三年还必须每周学习十余小时的拉丁文。在世界范围内的所有语言中，希腊文和拉丁文是非常难学的语言，一般的学生都觉得这两门课枯燥乏味，毫无兴趣，但是尼采却不仅不讨厌这两门课，而且十分乐意学，学得还津津有味。在他所有的课程中，最喜欢的就是希腊文，他常常一个人静静地阅读古希腊文献直到深夜，有一次因过于投入，竟然一直读到第二天天亮。也正是在此时，柏拉图、苏格拉底、亚里士多德、阿那克里翁等人的思想如春风般吹进了尼采的心中。尼采如发现新大陆般，对他们的思想充满了好奇和崇拜，并不遗余力地吸收这些前辈的精神养料。也就是在此时，尼采心中滋生了崇尚希腊文化，反对基督教文化的种子。

渐渐地，尼采适应了学校的生活，并结识了好朋友保尔·多伊森。两人的相识是因为他们共同的喜好——诗人阿那克里翁。阿那克里翁是古希腊著名的抒情诗人，他的抒情诗歌题材新颖，坦率而又胆大，尤其是关于酒神的诗歌，如《饮酒歌》：

拿酒来，拿酒来，小伙子，

再给我拿来几个花环，

我要和爱情角斗，

和他比个输赢。

在《向酒神诉求》中，阿那克里翁则直接求助于酒神，希望酒神能帮助他实现自己的理想：

主啊，那征服人心的爱情，

那些深蓝色眼睛和山林女神，

那肤色红润的美神，

在你遨游这高峻的山岭时，

都伴着你一同游玩。

我跪下求你，请你

对我发慈悲，垂听我

请求你开恩的祈祷：

请你劝克勒布罗斯

把我对她的一番爱，

酒神啊，接受下来。

尼采对阿那克里翁关于酒神诗歌的疯狂喜爱，也与以后他的狄俄尼索斯精神存在一定的关系。

尼采强烈的求知欲在普福塔越发增长，他广泛地涉猎各种知识，如拉丁文、希伯来文、希腊文、天文学、历史、军事、地理、植物学等等，"几乎接近了多数科学和艺术"。

他还阅读了席勒、拜伦和荷尔德林的著作。荷尔德林当时并不被人们欣赏，而尼采却对他的浪漫诗歌产生了浓厚的兴趣。他认为荷尔德林的诗歌，"流露出最纯洁、最温柔的情感，这些诗就其朴素自然而言，使普拉腾的艺术和熟练的表现手法暗淡失色。这些诗一会儿在最崇高的宗教热情中波动起伏，一会儿消失在最柔和的悲音之中……"，"把我们带到最高的理想境界"，"是我们诗歌艺术的春节"。这位五十年后才被德国人所接受的诗人，却被尼采敏锐的眼光所发现。从荷尔德林的诗歌中他看到了理性与现实的冲突，看到了荷尔德林不满于现实，批判现实主义的精神。

在广泛涉猎诸多方面的知识后，尼采开始不满足于对知识的一知半解，开始倾向于对某一专业知识进行深入探讨。众所周知，尼采生活在一个具有浓厚基督教信仰的家庭，他的父亲是一个忠实的基督教徒，父亲死后全家人包括尼采自己都想把他培养成一个神职人员。然而，尼采逐渐对基督教产生了怀疑，这种怀疑是缓慢产生的，并没有明显的迹象可循。1862 年 1 月尼采写了一篇《作为总统的拿破仑三世》的短文，文章认为拿破仑三世是个绝世天才，不能从道德的层面来评价他。这也反映出尼采正处于价值观转变的混乱状态。随后，尼采在《命运和历史》及《自由意志与命运》中，对基督教产生初步怀疑，基督教教义已不是尼采行为和衡量其他事物的标准，基督教的合理性受到怀疑："我们现在甚至都不知道人类自身是否仅仅是整个宇宙、整个进化过程中的一个阶段或一个时期，也不知道人类是不是上帝的主观形式……"，"整个基督教是建立在假象的基础上的；上帝的存在、不朽、圣经权威、灵感等等都始终是些问题"。

1864 年 9 月，尼采以优良的成绩毕业，宗教、德文和拉丁文成绩获得优秀，希腊文成绩获得良好，法文、历史、地理和自然科目获得中等，成绩最差的是数学、希伯来文和绘画。为褒扬他的品行和优异成绩，学校决定由尼采代表全体毕业生向母校致谢辞。在神采飞扬的发言之后，他向大家即兴朗诵了自己的一首诗，以表达他对母校的感激之情：

> 就这样吧——这是人生之路，
>
> 让人生对待我，就像对待其他许多人一样。
>
> 他们出生了，脆弱的轻舟被砸成碎片，
>
> 没人能告诉我们那沉没的地方。
>
> 再见吧，再见！汽笛在召唤，
>
> 舰长催促着，我不能再迟缓，
>
> 向着暗礁、风暴和巨浪，勇敢去撑船。
>
> 再见，再见啦！
>
> …………

第 2 章

意气风发的时代

高中毕业后，尼采进入了高等学府，在那里尼采意气风发、斗志昂扬，享受着属于他的大学生活。与此同时，他的思想和地位也渐渐发生了转变，由有神论者转变为无神论者；由前人思想的崇拜者转变为具有独特思维方式的批判者；由狂妄的大学生转变为独具一格的大学教授。其中隐藏着许许多多的故事。

波恩与莱比锡

1864 年 10 月，尼采在庆祝了他的 20 岁生日后，和保尔·多伊森等几个同学一起踏上了去波恩大学的道路。即将进入高等学府的他们，好像脱缰的野马，感觉自己获得了解放，再也不用受约束，拥有了最广泛的自由。他们兴高采烈、踌躇满志地骑着马穿行于乡间小路上。他们时而策马狂奔，时而信马由缰论诗歌唱，尽情饱览一路风光，途经小酒家时，稍事歇息买酒畅饮，对酒当歌抒发青春的无限美好之情。此时，尼采忽而指着自己坐骑的长耳朵说："这是一头驴。"多伊森以为他喝醉了，纠正说："这是一匹马。"尼采重新打量了一番，指着长耳朵固执地说："这就是一头驴！"两人的争吵，引得大家哄堂大笑。他们你一言，我一句，时而大声狂笑，时而放声歌唱。沿街女孩纷纷朝他们探过头来一看究竟，一个年长者从人群中钻出来，呵斥了这群喧闹者，并把他们赶上了路。傍晚时分，尼采一行人才来到波恩大学报到并安顿下来。

波恩大学是18世纪启蒙运动的产物，全称波恩莱茵弗里德里希·威廉大学，以捐助者弗里德里希·威廉三世的名字命名。它坐落在风景秀丽的德国莱茵河畔，是位于德国北莱茵－威斯特法伦州波恩市的一所公立大学。

开课前夕，尼采选择了古典语言学和神学作为主修的专业。选择古典语言学，可以说是他的志愿，在普福塔中学时，尼采就对古希腊文学产生了浓厚的兴趣，并取得了优异的成绩。从主观层面上讲，尼采试图通过语言学的学习来克制自己自发的、浪漫的、不稳定的情绪，把语言学作为自己爱好之间的平衡工具。他曾说："我渴望得到一种抑制至今变化多端的、不稳定的意向的工具，渴望一种科学，人们可以用冷静的深思熟虑、无情的逻辑和同样形式的工作使它得到发展，但它并不以其成果使人立即动心。当时我相信在语言学中可以找到这一切，而一个普福塔学校的学生已经完全具备了研究语言学的先决条件。"而且，波恩大学在古典文学方面享有国际知名声誉，拥有包括弗里德里希·威廉·里奇尔和奥托·扬等语言学方面世界一流的著名学者。选择神学则是出于尼采服从家庭的需要：祖父、外祖父都是虔诚的信徒，祖父写过神学著作，父亲是个力争维护基督教信仰的牧师，家里抚养他的虔诚女士们自然也希望他子承父业，从事神圣的宗教工作。

开学之初，尼采想改变自己以往孤僻的性格，于是尽可能多地参加各种课外活动，试图通过与大家的交流和协作融入多数学生的生活圈中。而参加学术讨论更是他不可少的活动，尼采曾先后作了题为"德国政治诗人""北美的国人宗教活动状况"和"有关泰奥格尼斯"的三场学术报告。他的独特见解和精彩演说得到了很多老师和同学的好评，也得到了不少女同学的青睐。他还和大家一起在校园的酒馆里喝酒、作赋，尽兴之余还拿起乐器即兴演奏，众人的歌声飘荡在美丽的校园里。为了耍"酷"，他还主动邀请一位同学决斗，他说："我是新生，我想你比较合适，让我们开始吧。"这位同学看到尼采身材矮小，就鼓足勇气说："非常乐意。"1864年12月的一天，两人开始决斗。尼采技不如人，三拳两脚后就败下阵来，鼻梁也轻微受伤，三天后才得以痊愈。

接下来发生的一件事更是令人难以想象。1865年2月的一天，他去科伦游玩，请了一位向导找饭馆，可领路人却把他带到了一家妓院。对此，多伊森在他的《回忆尼采》中提道：

> 我突然发觉自己被半打浓妆艳抹的动物所包围，她们都以期待的眼光凝视着我，在这刹那间我完全惊呆地站在她们面前。后来，好像本能的驱使，我走到了钢琴旁边，那是在这一群中唯一有灵魂的东西，我弹了一两个和弦。音乐恢复了我四肢的活动，在这瞬间，我跑出户外。

作为反女权主义者的尼采是否有过放荡或不检点的行为，人们对此一直有不同的猜想。彼德斯在《尼采兄妹》一书中指出，尼采在大学期间因逛妓院而染上了性病："就几项特征来看，他发现他已染上了性病。为此，他曾向莱比锡的一位医生咨询过，后者诊断他患上了梅毒。""在尼采的下意识里，肯定存在着对毒素残留体内、最终要他一死的恐惧心理。"对此，尼采的妹妹伊丽莎白与医生保尔·莫毕斯及尼采的好朋友奥弗贝克1902年在报纸上进行过一场激烈的争论。

为更好地与大家接触，尼采加入了一个学生社团"法兰克尼亚"。该社团没有明显的政治色彩，只是一般性质的社团，主要的活动是庆典集会、击剑、决斗、舞会等，当然少不了与女同学交际。这些对尼采来说都不适应，每次他与社友聚会回来都会产生一种后悔和内疚感，感觉这样下去恐怕辜负母亲和妹妹对他的期望。沉思之后的尼采想用实际行动来改变社团的风气，他建议改革"法兰克尼亚"，减少一些诸如吸烟、饮酒的活动，增加一些学术性强的活动。他极大的热情换来的是嘲笑和挖苦，并最终被"请"出了社团。

但幸运的是尼采在这里遇到了里奇尔教授。里奇尔教授是德国著名的语言学专家，他的学术思想不仅精湛，而且具有深刻的美学意义。尼采很敬佩这位大师，里奇尔教授也看中了尼采的不凡才华，很快尼采就成了他的得意门生。

在离开社团的一段时间里，他越来越不喜欢波恩大学的环境和氛围，越来越不适应那些同学之间所谓的结盟式的社交活动和刻板的学术讨论及庸俗的政治氛围。尼采又一次陷入了孤独之中。里奇尔看出了尼采的问题所在，尼采虽然涉猎很广，但都不精深，对基督教的怀疑使他不能静下心来做研究。里奇尔建议尼采不要仅从面上广泛地涉猎知识，而应集中精力专注于某一门学科。在里奇尔教授的指导下，尼采终于从彷徨不安中解脱出来，专门从事语言学的研究。

正当尼采在波恩大学倍感不适的时候，里奇尔教授恰好收到了莱比锡大学的受聘邀请函，里奇尔教授将在下一个学期离开波恩大学，前往莱比锡大学任教。尼采听到这个消息非常激动，说服了母亲，决定跟随里奇尔教授一同前往莱比锡大学。

1865 年 10 月 18 日，尼采离开了波恩。他在给母亲的信中这样描述当时的情景："我像亡命徒一样离开了波恩。子夜时分，我和我的朋友 M 君一起站在莱茵河的码头上，等候从科伦开出的轮船。在即将离开如此繁华的乡村、如此美丽的城市和一大批青年的时刻，我没有感到丝毫的痛苦，事实上正相反，我是从那里逃出来的，我不想再像以前那样对他们做出不适当的评判。可是身处其中，我的天性丝毫不会感到满足。我仍然对自己太缺乏自信，并且无能力在这么多正在对我发生影响的人们中间始终扮好自己的角色。一切都干涉我，因为我无法有效地主宰周围的一切……我觉得自己对于科学无所作为，对于生活无所事事，只是在以各种谬误充塞自己，想到这些我就感到心情沉重。轮船驶来，载我们离去。在潮湿的夜色中，我一直站在驾驶台上，注视着那些勾勒出波恩河岸的小灯渐渐地消失，一切都给我一种逃亡的感觉。"

尽管尼采把这次离开说成"逃亡"，但它实际上对尼采来说是一次重要的转折。

莱比锡大学创建于 1409 年，位于德国东南部的莱比锡市。莱比锡大学不仅有美丽的校园，更重要的是它拥有世界一流的师资力量和文化氛围。数学家莱布尼茨、文艺批评家格特舍德、文学家歌德、哲学家费希特、作曲家瓦格纳等都在这所大学里生活过。来到莱比锡大学的尼采，精力显得格外充沛，聆听了诸多大师的课程。在导师里奇尔的指导下，尼采很快在古典语言学界变得小有名气。里奇尔对尼采的《西奥格尼斯》的新版本文章更是赞不绝口，认为他获得了极大的成功。之后，尼采的作品多次发表在学术报刊之上，并获得了大学研究课题的奖学金。此后，他发表了在参军期间撰写的第一篇哲学文章《康德以来的目的论》，而且获得了优秀科学家的声誉。面对这些成功尼采激动不已。

尼采说："在这个长眠之后，我的自负同我一起飞上了天。中午我们几个朋友一起散步到戈利斯，那天，天气晴朗，我的幸福挂在嘴边。在旅馆里，我们面前摆着咖啡和薄煎饼，这时我终于忍不住了，给感到惊讶而不嫉妒的朋友们讲我所遭遇的故事。在一个短时期内我好像昏头昏脑地跑来跑去，这是我成为语言学者期感到赞扬的刺激作用，对我来说，在这种事业的发展过程中应该争取这种赞扬。"

偶遇叔本华

我在哲学上的严肃性已经深深地扎下了根，生活和思想的真实的基本问题，已经由伟大的秘教解释者叔本华极其清楚地给我指明了。

——尼采

为了拥有一个良好的学习和研究环境，尼采在路易莎大街租了一间小房子，在里奇尔教授的指导下继续研究语言学。1865年10月下旬的某一天，当尼采在莱比锡街头散步的时候发现一家旧书店，在这个书店一个不起眼的角落里他偶然看到了一本书——《作为意志和表象的世界》。尼采打开扉页一看，该书出版于1819年，作者是叔本华。尼采从没看过这本书，可没想到一看竟然被叔本华的思想深深地吸引住了。此时的尼采对这本从未听说的书爱不释手，仿佛书中出现一个精灵在他耳边轻轻言语："把这本书买回去吧。"一向不急于买书的尼采，立刻把这本书捧回家。后来他曾回忆："回到家后，我便靠在沙发上读起了刚刚得到的那本珍贵的书，我开始让那本有力但沉闷的天才之作占据我的心。书里的每一行都发出了超脱、否定与超然的呼声。我看到了一面极为深刻反映整个世界、生活和我内心的镜子，在这面镜子里我发现了整个世界、生活和我的心灵都被描画得令人可怕。"在以后的两个星期中，尼采一直深陷于对叔本华哲学的思考之中，每天他都强迫自己到深夜两点钟才上床休息，早晨六点就起床，每天只睡四个小时。叔本华的著作完全把他给迷住了，他废寝忘食地咀嚼着书中的每一句话，深深地陷入了对叔本华哲学的思考之中。后来他回忆当时的感受说："我是叔本华的这样一种读者之一，我读到了他的一页著作之后，就确定无疑地知道会把这本书从头到尾读完，并且会着迷似的听取他所说的每一个字。我立即对他建立起充分而完全的信赖。"如果有可能，他一定会拜访这位心灵的大师，可惜此时叔本华已去世五年多了。

叔本华的这部代表作完成于 1814～1819 年间。这本书分为四个部分：第一部分重新诠释了充足理由律，解释为什么现象世界必须通过充足理由律来了解；第二部分提供了意志显现的细节，它是一种既不满足又不停止、盲目的冲动，要求人从自身存在本质即欲望之中解放出来；第三部分试图通过对自然和生命的审美，即艺术中获得一种短暂的慰藉；

第四部分以伦理学和禁欲主义的形式提供一种可能获得拯救的方式。这部作品受到印度哲学的影响，被认为是将东西方思想融合的首部作品。然而，《作为意志和表象的世界》作为书籍正式的出版换来的却是漠视和冷落，偌大的学术界对它无人问津，更不用说普通民众了。面对这种局面，叔本华发出了如尼采一样的感慨：如果不是我配不上这个时代，那就是这个时代配不上我。后来，叔本华终于寻找到了"伯乐"，凭这部作品获得了柏林大学编外教授的资格。但好景不长，进入柏林大学的他与自己认为是沽名钓誉的诡辩家黑格尔较起劲来，选择与他同一时间开设选修课。黑格尔此时正处于名声大噪之时，叔本华自然没能成功，很快班上就只剩下两三个人，最后一个也不剩了。于是，他只能凄凉地离开柏林大学。

1844 年，在叔本华的坚持下，《作为意志和表象的世界》出了第二版，此时第一版早已绝版了，且未能引起评论界和学术界的丝毫兴趣。第二版的前景并没有改观，售出去的书寥寥无几。直到 1851 年，他完成了对《作为意志和表象的世界》的补充与说明。就是这篇以格言体写成的《附录与补遗》使他获得了声誉，瞬间名声大振，成了名人。有人专门撰写了《叔本华大辞典》和《叔本华全集》，有人评论说他是具有世界意义的思想家。1859 年，《作为意志和表象的世界》第三版面世，引起世界学术界的巨大轰动，叔本华称此时"全欧洲都知道这本书"。在第三版序言中他写道：当这本书第一版问世时，我才30岁，看到第三版时却不能早于72岁，我总算在彼德拉克的名句中找到了安慰：谁要是走了一整天，傍晚走到了，那也该满足了。叔本华在最后的十年终于得到了声望，但此时已年迈的他仍然过着孤独的日子。陪伴他的是一条叫"世界灵魂"的卷毛狗，有人说这个名字是用来讽刺黑格尔的，也有人说不是。1860年叔本华因肺炎恶化去世，他在遗言中说：希望爱好自己哲学的人，能不偏不倚地、独立自主地理解他的哲学。

五年之后，尼采熟读了《作为意志和表象的世界》。他对叔本华的哲学不单单是爱好，而是痴爱、狂热。他曾感慨道："从每一行文字里，我听到了谴责、自我否定与意念的呐喊；在书中，我仿佛看到了一面镜子，这个世界、生命本身，还有我自己的灵魂都映在其中，着实的可怕。"尼采把叔本华奉为自己的"导师"和"父亲"，把叔本华的照片郑重其事地摆放在自己的书桌上。因为，"即便回家时筋疲力尽，浑身汗水，可只要看一看桌上叔本华的照片我就感到宽慰"。

尼采与叔本华的相遇多少带有一种宿命的味道：幼年丧父，多愁善感、孤僻悲观使得他对叔本华的悲剧哲学产生了强烈的共鸣。在接下来的几年里，尼采的研究方向开始转变，他把叔本华的哲学、舒曼的音乐和孤独的散步作为自己的三项娱乐活动。

叔本华是唯意志论哲学家的开山鼻祖。在《作为意志和表象的世界》这部著作里，他提出了两个著名的命题，一个是"世界是我的表象"，另一个是"世界是我的意志"。在他看来，世界上的万事万物都是作为表象而存在的。而作为其基础的，不是康德所说的"自在之物"，更不是黑格尔所说的"理性"或"绝对精神"，而是一种非理性的、盲目的、永动不息的、永不疲惫的欲望冲动。这种欲望冲动是一种求生存的欲望冲动，叔本华称之为"生存意志"。

叔本华的这些思想在尼采的内心引起巨大的共鸣。尼采少年时就多愁善感，加上父亲和弟弟的相继去世，使他对人生怀有一种无可奈何的悲剧感，而且他喜欢对哲学问题和人生进行积极的思考。就在他自己对人生的意义还没有完全思考成熟的时候，叔本华的一整套悲观哲学体系出现在他面前，使他崇拜不已。中学时的尼采就对基督教产生过怀疑，而此时他从叔本华那里获得了一种强大的精神支持，这种支持使他的精神世界获得了充实感，他再也不必为自己对人生表示不满的思想而自责，相反，他能积极从容地看待人生的痛苦。

读完《作为意志和表象的世界》之后，尼采在给母亲和妹妹的信中写道："我知道生活中含有苦难，我们越是想享受生活的一切，也就越会成为生活的奴隶。所以我们都抛弃生活中的享乐，对自己缩衣节食，对他人则宽容仁爱，这正是因为我们怜悯那些在受苦受难的人们啊！"

叔本华的思想对尼采产生了重大的影响。自从接触到了《作为意志和表象的世界》，尼采又仔细地阅读了叔本华的其他著作，从中找到了知己，激励鼓舞着他继续探索生命的意义。尼采一直对叔本华充满了敬意，他曾告诫周围的人说："在我们这个时代，深深感觉痛苦的人，一定要懂得叔本华。"同时，尼采在心灵深处佩服叔本华的人格，称赞叔本华有一种高贵的诚实感、深刻的洞察力和惊人的一贯性，而且叔本华从不妥协、从不蛮横的学术态度给了尼采深深的震撼。

尼采从军记

尼采是一位爱好战争的疯狂者，在莱比锡上大学期间，先后两次从军参与德意志统一的战争。但由于身体的原因，每一次服役都没有到期就半途而废了。

第一次从军是在1867年7月，当时普鲁士首相俾斯麦为了把奥地利挤出德意志版图，争夺统一德意志领导权而对奥地利发起的一场战争。当战火烧到萨克森的时候，尼采再也无法坐在教室里安心读书，他迫切希望自己能应征入伍。尼采是寡妇的唯一儿子，按照当时的法律是可以免除兵役的，但他认为："当祖国进入了生死存亡战斗的时候，在家里坐着是非常不光彩的事情。"普鲁士军队此时正需要大量的士兵。于是，尼采便应征参军，但由于尼采身体较差，眼睛又患有高度近视，所以他并没能如愿加入柏林的近卫团，而是被瑙姆堡的野战炮兵团征收，开始了为期一年的志愿兵服役。

在这支部队里，每一个刚入伍的新兵都要从早晨七点训练到晚上六点，由于尼采身体比较差，所以上级给了他一定的特殊照顾，让他可以每天住在自己家里。于是，尼采每天晚上继续研究叔本华的哲学思想。他曾回忆说："即使我回家时筋疲力尽，浑身汗水，可只要一看到桌上洛德送的叔本华的照片，我就感到了宽慰。"叔本华的生存意志哲学一直支撑着尼采在军营里艰苦地训练，成了他精神上的寄托和支柱。

在部队里，尼采找不到一个学术上的朋友，更不可能有什么知音了。生性忧郁和孤僻的尼采深感军事训练无法排解他内心的孤寂。他在给大学同学的信中写道："在瑙姆堡，我太孤寂了，熟人当中没有一个人是语言学者或是叔本华的热心崇拜者。为排解心中的孤独和寂寞，训练结束后，尼采利用晚上难得的时间继续刻苦学习。此时，他在崇拜精神导师叔本华的同时，又开始研究德谟克利特。尼采称"德谟克利特是第一位懂得将科学方法论应用于道德范畴的哲学家，想把人类从上帝的建议和恐惧中解救出来的革命者"。通过研究，他认为学术应该打破循规蹈矩的死教条，用怀疑和批判的精神来重新审视我们所面临的诸多问题："文学史的研究已经取得了一些成就，这仅仅是因为人们不能再满足得到一种答案了，我们要不断地提出问题，打破偶像和权威，开启新的世界。"

在军队的这段时间，尼采不仅身体经受住了考验，否定意识也越来越坚定了。在研究德谟克利特的文章中，尼采曾写道："我们用怀疑主义为传统思想掘下了坟墓，而由于怀疑主义带来的这些结果，我们寻找出被隐没了的真理，而且也许再次发现传统的思想是正确的，尽管它凭着一双泥脚站立着，因此黑格尔主义者会说我们在企图通过否定之否定来说明真理。"随着对德谟克利特研究的深入，尼采对哲学的体会与感悟越来越多。他虽然身体不好，但年少气盛的他决定准备考军官，而接下来的事情让他的军官梦彻底破灭了。

1868 年 3 月，在进行例行训练时，尼采不幸从马背上摔了下来，胸部肌肉严重拉伤，当天剧烈的疼痛使他两度昏迷。卧床十天后，军医为他做了手术，手术十分顺利，康复期间尼采被荣升为一等兵。伤病刚刚康复他就投入到学术研究之中，并开始撰写《康德以来的目的论》。在这篇文章中，尼采归纳了以康德为起点的各种目的论学说，对康德的物自体和必然性观念提出了质疑。可就在他刚刚完成这篇哲学文章的时候，另一个坏消息袭扰了他。3月份的摔伤旧病复发，医生诊断胸骨损坏，而且炎症开始渗透进了骨骼。这个消息无疑给本来就体弱的尼采猛地一击，使他的心情愈加抑郁。经过治疗后，他便返回家乡瑙姆堡进行康复治疗，卧床时间长达近六个月。但这对于尼采来说，也并非完全是坏事。他的妹妹伊丽莎白回忆说："那次危笃的重病，给哥哥带来了莫大的恩赐。在这半年中，他享受着完全自由的生活，不为大学的课程左右，也无须为学业或交际耗费时间，从繁重的军务中解放出来，一心沉潜于自我孤独之境，遂倾全力于哲学问题的思考，这段时期所撰写的文献学论著，也不知不觉带有哲学意味。"的确，尼采在这段养病的时间里，思考和整理了自己平时所思考的问题，为以后的哲学研究打下了基础。尼采的第一次从军因伤病而告一段落。康复后，他回到莱比锡大学继续学业。

第二次入伍，是在 1870 年 8 月。当时的北德意志王国为了实现国家的统一，与干扰者法兰西王国展开斗争。此时，已是巴塞尔大学教授的尼采，想为祖国而战。于是他向校长请假，应征参军。由于他所在的瑞士是中立国，所以这次他只能以医护兵的身份参军入伍。经过短短十天的医疗救助培训后，尼采便和其他医护兵一起乘火车赶往了前线救助伤员。他们乘坐了两天的火车才到前线，接到伤员进行简单的包扎后，便开始返回。尼采这样描述当时的情景："我乘坐的是一节破旧的运牲口的车厢，有六个重伤员。我一个人整天和他们在一起，给他们包扎，护理他们。这些伤员有的子弹穿过了他们的骨髓，骨头被打碎了，有的人负伤四处，还有的人皮肉都腐烂了。现在看来，当时我能从那些腐烂的臭气中幸存下来，并且居然还能睡得着，吃得下饭，真是个奇迹。"当伤员被安全接到后方后，尼采却因此而患上了痢疾，和伤员一起住进了医院。他的第二次军旅生活也再一次因病无果而终。

不久德国取得了胜利，德意志完成了统一，建立了德意志帝国。当时德国全国盛传："德国，德国高于一切……"尼采热爱自己的祖国，愿为自己的祖国奋战，无论何时何地！但尼采也看到了国家机器的疯狂，看到了民众狂热的危险，并为此而担忧："我很担心我们将来的文化情况，我认为现在普鲁士对一切文明国家是一种非常危险的形势。"他认为，虽然德国在战争中取得了胜利，但并不意味着德国文化的胜利。而此时的德国文化"是一种纯粹的所谓'公共舆论'。假如以德国的武力证明这种教育有一定成绩，或者，证明德国人战胜了法国，那就没有比这更坏的误解了"。普法战争结束后，尼采对德国国内的气氛十分忧虑，对德国文化越来越失望，对俾斯麦的强权政治更是不满，他大骂："这批大人物，已经把德国这个具有丰富感觉的民族，导向了歧途。""我们这整个低劣的文化统统掉到了一个很可怕的恶魔手中了。"

经历过这两次战争，尼采意识到"最高最强的生命意志并不表现在可怜的生存竞争当中，而是表现在作战的意志当中，表现在权力和优势的意志当中。他把这种意志归结为一个'要'字，要战斗，要权力，要超过一切的权力"。这就是人最本质的东西，是生命的意义，是意志的价值，所有这些内容都成了尼采哲学的重要组成部分。

战争结束后，尼采回到巴塞尔大学重新开始执教工作，此后他再也没有当过兵，士兵生涯到此结束。

瓦格纳的友谊

1868 年，就在尼采伤病逐渐康复，重返莱比锡大学继续他的学业之时，有幸见到了德国当时著名的音乐家——瓦格纳。这个名字对他并不陌生，中学时期的尼采就是瓦格纳的小粉丝。

瓦格纳 1813 年生于莱比锡，是德国一位著名的作曲家和音乐戏剧家，自幼丧父，家境贫寒，有相当的天赋，自幼喜爱贝多芬、莫扎特等人的音乐，且受莎士比亚、歌德、席勒喜剧的影响，是一位集诗歌、音乐、哲学于一身的天才人物。1848 年瓦格纳参加了革命，失败后他流亡国外达十余年。其间他搜集齐格弗里德传说和斯堪的纳维亚神话，在它们的基础上创作出了颇有影响力的《尼伯龙根的指环》，回国后创作了《婚礼》《妖女》和《漂亮的荷兰人》等一系列作品。瓦格纳是一位有哲学思想的音乐家，对当时的德国产生了广泛的影响。马克思曾对他的女儿说，人们到处在苦苦思索这样一个问题："您对瓦格纳有何想法？"而在瓦格纳看来，音乐最重要的不是高超的演奏技巧，而是它能融合人们的体验和感悟，表现出现代文明对人性和情欲的压制和摧残。

1868 年下半年，瓦格纳的《音乐协会》在莱比锡大学上演。尼采在听完演奏后激动不已，在给朋友的信中曾这样描述当时的感受："在昨晚的音乐会上，《音乐协会》的序曲引起了我如此持久的激动，以至于在我所感受的这类情感中，这是最长久的一次。"然而，更让尼采喜出望外的是，此时居住在姐姐家的瓦格纳想见一见他这位小粉丝。

后来尼采在给朋友罗德的信中描述了这次会见的情景："在吃饭前后，瓦格纳表演了卓越的歌唱家们所有重要的唱段，他模仿一切声音而且毫无拘束。他是一个非常活泼而热情的人，说话很快，很诙谐，使得十分亲切地聚在一起的人们非常愉快。在这当儿我同他就叔本华作了较长时间的谈话。啊，你会理解，当我听到他用无法形容的热情谈到叔本华时我是多么高兴。他说他对叔本华十分感激。叔本华是认识音乐本质的唯一的哲学家！然后他打听现在的教授们对叔本华采取什么态度。他嘲笑在布拉格举行的哲学大会，并且嘲笑这些'哲学走卒'。后来他朗诵了一段他正在写的日记，是他在莱比锡大学生活时非常有趣的一页，现在想起他我还不禁发笑。此外他善于写作，很有才华。"这次会见显然非常愉快，特别是尼采，当他发现敬仰已久的瓦格纳也如此崇拜叔本华时，感到非常高兴。不仅如此，尼采对瓦格纳的为人也十分钦佩："我发现了一个人，从没有像他那样，向我显示了叔本华称之为'天才'的形象。他被那奇妙感人的哲学彻底渗透。这不是别人，正是理查德·瓦格纳。关于他，你不可相信报纸和音乐评论家对他做出的评价，没有人了解他，也没有人能够评价他，因为所有的人都站在另一个基础上，对他的气氛感到不习惯。在他身上存在着绝对的理想性，一种深切而动人的人性，一种崇高的生命的品格，以致我在他的近旁就感到像在神的近旁一样。""第一次接触到瓦格纳，也是我生命中第一次深呼吸。我尊敬他，把他当作一个和德国人不同的外国人看待，把他当作反抗'德意志道德'的化身。"尼采感觉到热爱瓦格纳胜过除父亲之外的任何人。

瓦格纳对才华横溢的尼采很是欣赏，把尼采的出现视为命运赐给他的最大恩赐，称尼采是世界上唯一能够懂得他的心愿、理解他思想的人。不仅如此，瓦格纳的妻子科西玛对尼采也很喜欢，尼采每次来，他们都把他奉为上宾，还特意在家为他准备了两个房间。从1868年的初次会面到1872年，在一定程度上尼采成了瓦格纳家里的一员，连圣诞节也在瓦格纳家里度过。

对尼采来说，结识瓦格纳具有深刻的意义。他从瓦格纳那里听到了叔本华的哲学，感受到了一种生动形象富有动感的哲学旋律，而叔本华的哲学又为瓦格纳的音乐加进了深沉丰富的底蕴。这一切都对尼采以后哲学思想的形成产生了重要的影响。尼采非常感谢瓦格纳："我把瓦格纳看作我生命中最大的恩人。我们两人都遭受过，甚至透过彼此的手而遭受过比这个世纪大多数人所能忍受的更大苦闷，这个事实乃是把我们两人结在一起的联系物，而这个联系物将永远把我们的名字连在一起。因为，正如瓦格纳只是德国人当中的一个误解一样，我也是如此，并且将永远如此。我亲爱的同胞们，你们必须先具有两世纪心理和艺术的熏陶……但是，你们永远不能将时钟的针拨回来。"

在后来的著作中，尼采也对瓦格纳作了评价，说他从来不知道什么叫惧怕，是唯一的一个真艺术的开创者，是第一个把各种艺术熔铸成综合美的人。"从德意志精神的酒神本性中涌现了一个和苏格拉底的教化格格不入的力，自巴赫到贝多芬，自贝多芬到瓦格纳，这个力在盘旋着，好似太阳永远在大宇宙中运行一般。""我考虑所有事物之后，发现如果没有瓦格纳的音乐，那么我的少年时期以后，就决不能继续活下去，因为我似乎注定不适于生活在德国人的社会之中。"由此可见，瓦格纳对尼采产生过多么大的影响。

年轻的教授

1868 年末毕业在即，作为家里唯一的男子汉，尼采面临一个现实问题，什么是他的理想职业？而他又该如何选择呢？

尼采想留校任教，但又不想从事语言学研究工作，因为此时的尼采对语言学产生了怀疑，在给罗德的信中他建议把语言学扔到它老祖宗的杂货堆那里去。但是令他意外的是，他的导师里奇尔正竭力推荐他到巴塞尔大学任教。里奇尔在给巴塞尔大学的推荐信中饱含激情地说："39 年来，我亲眼看见许多优秀的青年发展着，但是我还没有看到像尼采这样年轻而又如此成熟、灵敏……如果他能长命，我可以预期他将成为德意志文献中的最杰出人才。他现在才仅仅 24 岁，健壮而有活力，身心充满了勇气……他在莱比锡整个青年古典语言学领域，已成为崇拜的对象。"恰逢巴塞尔大学正打算引进一批年轻而又极富有发展前途的青年学者，他们采纳了这位语言学学术权威的意见，1869 年 2 月决定把尼采聘为巴塞尔大学古典语言学的副教授。尽管尼采不愿从事语言学研究工作，但无法抵御来自世界著名大学的邀请的诱惑，遂接受了邀请。而这在巴塞尔大学的校史上是从未有过的，一时间在学校引起了轰动。

1869 年 3 月，鉴于尼采在学术上优秀的表现，莱比锡大学决定免试授予他博士学位。4 月，尼采取得瑞士公民权，定居巴塞尔。5 月 28 日，尼采迎来了他在巴塞尔大学的就职演说，地点在巴塞尔大学博物馆演讲厅。大厅里挤满了人，众多学生和老师都想目睹这位副教授的风采，感受一下他的真实水平。尼采演讲的主题是"荷马和古典语言学"，他认为：语言学不是一门纯科学，而是与艺术紧密地交织重叠在一起的。"所有的语言活动都应当孕育并包含在某种哲学世界观之中，这样，在个体或彼此分离的细节像所有能被抛弃的东西那样消灭之后，只剩下它们的总体，即一致性。"尼采的独特见解和文采的华美使得众人都为之惊叹。这一演讲奠定了他在语言学术界的地位，巩固了他在巴塞尔大学的副教授之职。1870年4月，他被晋升为正教授，薪水高达五百瑞士法郎，这在德国的学术界是从未有过的。

不仅如此，巴塞尔的上流社会也向他敞开大门，竞相邀请这位年轻有为的学者参加社交活动，社交和应酬明显增多。他穿着崭新的燕尾服，频频出现在各种大型社交场合。他高雅的举止和高贵气质令在场的人肃然起敬。女孩子在他背后议论，让在场的老学者们都带有浓浓的醋意。在众多的社交活动中，他结交了研究宗教史的教授欧维贝克、叔本华的信徒罗默特和艺术史教授雅各布·布克哈特。特别是年长的布克哈特被尼采称为"才华横溢的异人""最亲近的同事"，受到尼采的格外尊敬。1871年，巴黎公社革命爆发，参与革命的工人建立起政权。听到这一消息后，尼采四处寻找布克哈特，而同时，布克哈特也在寻找他。两人见面后，关在房间里热烈地讨论时事，最后两个人竟在房间里一起抱头痛哭起来。

1871 年 9 月，校方把尼采的薪水由原来的五百瑞士法郎提高到三千五百瑞士法郎，五个月之后，也就是 1872 年 2 月，再次把他的薪水提高到四千瑞士法郎。可以说，此时的尼采达到了他人生的高峰。

然而，好景不长，尼采开始对当时的境况感到不满意。他喜欢安静，希望找回沉思的自己。但巴塞尔的浮躁使他不能静下心来，结识的几个朋友，也不能填补他心灵的空虚。这些都可以在他给罗德的信中得到印证：

今天是叔本华的生日，除了你以外我再没有更亲近的人可以谈心了。我生活在一片孤独的灰云里，特别是在聚会的时候，我无法拒绝人情应酬的压力，不得已在会场上和形形色色的手拉在一起。在这样的聚会里，我总是听到吵吵嚷嚷的声音，而找不到自己的知音，在这地球上，怎能叫我忍受这个大染缸。这种庸俗化的空气，扰乱我的神经。而所有身边的相识，竟没人体察到我的感觉。这些人呼我为"教授"，他们自己也被这头衔冲昏了，他们认为我是太阳底下最快乐的人……我令人难以置信地怀念你……这对我来说是一种新的感觉，这里甚至没有一个真正情投意合的同行，也没有朋友——我现在达到这种地步等于十分羞愧地承认我的无知。语言学家如果具有某种批判倾向，但又离开希腊文化有千里之遥，那他的存在是越来越不可能的。我也怀疑，我将来能否成为一个真正的语言学者——如果我不是附带地，也就是偶然地达到这一目的，那是办不到的。倒霉的是，我没有榜样，而且我处于愚人的危害之中……如果我们能够生活在一起，我会做出什么成绩啊……我在这里作了一个关于《苏格拉底和悲剧》的报告，它引起了恐惧和误解。相反，通过这个报告我和特里伯辛的朋友们的联系更加紧密了。我又产生了转变的希望：理查德·瓦格纳也用最感人的方式使我认识到，他看见给我安排了什么道路……科学、艺术和哲学现在在我心中共同生长，因此，无论如何我将会生出半人半马的怪物。

信中提到的《苏格拉底和悲剧》是尼采在巴塞尔大学做的一场关于悲剧消亡的演讲。其中，尼采把矛头直指苏格拉底，他认为悲剧消亡的罪魁祸首是苏格拉底，指责苏格拉底一生无所事事，既算不上一位艺术家（没有创作），也不是哲学家（没有著作），他所作的只是愚昧的争辩，使人们失去了纯朴的信仰和道德，断送了光辉灿烂的古希腊悲剧文化。此番言论在巴塞尔大学引起了恐慌。然而尼采并没想到此为止，而是在瓦格纳夫妇的鼓励下，准备把他公开演讲的主题写成一本书，这本书就是后来的名作——《悲剧的诞生》。

第 3 章

转折与悲剧

《悲剧的诞生》这部著作的出版标志着尼采人生与思想的转折。只可惜这不是尼采的时代，《悲剧的诞生》招来的也不可能是荣耀的光环，只能是误解和责难。尼采的学术前途开始转向，过去的称赞和崇拜变成了批判和诋毁。《悲剧的诞生》宣告了尼采从一个古典语言学家转变为时代的批判者，他开始用非理性的酒神哲学撞击世俗僵硬的理性主义。

悲剧的诞生

尼采这部"半人半马"的处女作，开始构思于1865年。他认真整理了自己以前的笔记和在战争中的思考，确立了写作计划。据尼采自传体著作《瞧！这个人》中记载，《悲剧的诞生》（全称《悲剧从音乐精神中诞生》）写于1870~1871年的普法战争时期，全称为《悲剧从音乐精神是诞生》。它"是在沃特战役的隆隆炮声中开始酝酿的。我带着这个问题来到麦茨城下，那是9月的寒夜，我作为病院看护在军中服役"。当"凡尔赛和谈正在进行之际，我也和自己达成了和解，渐渐从一种由战场带回的疾病中痊愈，相信自己可以动手写《悲剧从音乐精神中诞生》"。尼采原本要写一本大部头的关于古希腊精神的完整而系统的著作，可后来题目聚焦在古希腊悲剧艺术上。据尼采的妹妹伊丽莎白说，这是为了鼓励精神沮丧的瓦格纳。伊丽莎白写道：

> 1871年，我的哥哥有次去拜访瓦格纳，发现他在生活中对自己的境况感到十分沮丧。我哥哥急于要采取某个决定性手段去帮助他，并把撰写关于大部头著作的计划搁在一边。他从已经写好的手稿中挑选了一部分，这部分论述古希腊文化的一个独特方面，即它的悲剧艺术。然后，他把它与瓦格纳音乐联系起来，并成为狄俄尼索斯。

在这样一个特殊的时代，尼采把写作的重点转到希腊的悲剧艺术，不仅仅是为了鼓励精神沮丧的瓦格纳，更重要的是当时德国全境陷入了"爱国主义的激情"之中，为满足现实政治的客观需求。此时的德国，为了和老牌资本主义国家争夺霸权，利用铁血政策，疯狂地对内实行高压政策，对外奉行军国主义，把一批又一批优秀的德国青年驱上战场，用他们的血染红了整个欧洲，而在疯狂"胜利"的背后，泪水和哀思默默地席卷了德国的每一个角落。《悲剧的诞生》看上去是一部关于古希腊悲剧的美学著作，其实质是一部关于"严肃的德国问题"（德国悲剧）的力作。尼采在前言《致理查德·瓦格纳》中说道："有人如果由这种全神贯注而想到爱国主义的激动与审美的奢侈、勇敢的严肃与快活的游戏对立，这样的人当然会发生误解。但愿他们在认真阅读这部著作时惊讶地发现，他们是在讨论多么严肃的德国问题，我们恰好合理地把这种问题看作德国希望的中心，看作旋涡和转折点。"他想用酒神狄俄尼索斯指引德国人重返"精神家园"："如果德国人畏怯地环顾四周，想为自己寻找一位引他重返久已丢失的家乡的向导，因为他几乎不再认识回乡的路径——那么，他只需倾听酒神灵禽的欢快召唤。它正在他头顶上翱翔，愿意为他指点归途。"因此，这本书实际上是围绕如何振兴德国精神而展开的。他借艺术谈人生，借古希腊悲剧艺术谈人生悲剧，进而借古希腊去宣扬他心目中的德意志精神。

尼采之所以借用古希腊的外衣来阐述德国的悲剧，一是因为德国著名学术代表人物歌德、席勒、荷尔德林、黑格尔等等对整个希腊都具有"家园之感"，充满了崇拜；二是因为德国当时的现状与古希腊十分相似，当时的古希腊在对外战争中取得了一系列的胜利，出现了"繁荣"的景象，但在其外表之下潜伏着一系列一触即发的社会危机，犹如当时的德国；三是古希腊是悲剧的渊源，拥有丰富的传说和神话故事。

综合来看，该部著作的理论渊源有三个：一是古希腊语言学，由此发现了太阳神阿波罗和酒神狄俄尼索斯两种对立的精神力量；二是叔本华的哲学，由生存意志过渡到权力意志；三是瓦格纳的音乐，由它促成了哲学和音乐的有机结合。全书由二十五节组成，内容有两大部分，即尼采所说的两项新的发现："一，对希腊人狄俄尼索斯现象的认识——这是对这一现象的首次心理学分析，这一本书把这一现象看成整个希腊艺术的根据之一……二，对苏格拉底主义的认识：首次认识到苏格拉底是希腊消亡的工具，是典型的颓废派。用'理性'对抗本能。坚决主张'理性'就是埋葬生命的危险暴力！"

这部著作是尼采整个哲学发展的开端，是他以后全部思想的出发点和基础，不理解它就不可能真正地理解尼采的思想。爱尔斯称这部著作"不论用什么标准去衡量都是一本伟大的书"。考夫曼在英译本的序言中称它为所有研究悲剧的著作中"含义最深远和最有影响的著作之一"。甚至有学者称："这是一部天才的著作，在对希腊思想的理解方面开辟了一个新纪元"。尼采则称它为无与伦比的尝试。

1872 年该书出版发行。1874 年尼采对书中的部分内容进行了修改，出版了第二版。1886 年再版时，尼采写了一篇题为《自我批判的尝试》的新序言随书出版。

日神与酒神

> 如果我们不仅仅从逻辑上认识到，而且从直观上把握到，艺术的持续发展受阿波罗精神和狄俄尼索斯精神的二元性的制约，犹如生育有赖于性的二元性，两性持续不断地斗争，而之间以周期性的和解，我们就在审美科学方面获益良多。
>
> ——尼采

日神和酒神是希腊神话中的两个神，他们不仅是《悲剧的诞生》中两个重要的概念，而且是尼采人生哲学的基本范畴，在以后的哲学发展中起到了关键性的作用。尤其酒神精神的发现，使得尼采无比自豪，称自己的哲学为"酒神哲学"。

日神阿波罗是古希腊神话中最著名的十二主神之一，是主神宙斯与第六位妻子暗夜女神勒托所生之子。当初，勒托怀孕后，天后赫拉怒火冲天，她残酷地迫害勒托。可怜的勒托只好东躲西藏，到处流浪。后来勒托终于在爱琴海上找到了一个藏身的小岛——德罗斯岛。这是一个浮岛，常在大海上漂浮。勒托在这里，首先产下狩猎及接生女神阿尔忒弥斯，后又在阿尔忒弥斯的协助下生下艺术之神阿波罗。阿波罗全名为福玻斯·阿波罗，福玻斯意为"光明、明亮"。阿波罗则被视为司掌文艺之神、人类的保护神、光明神、预言之神、雄辩之神、迁徙和航海者的保护神、医神以及消除灾难之神。后来，太阳神赫利俄斯的儿子法厄同一直梦想驾驶父亲的太阳战车，然而他没有能力驾驭这辆辉煌的战车，也无法控制住狂奔的战马。最后，众神之父宙斯将战车拦住，救下了年轻的法厄同，同时也将驾驭太阳战车的权力交给了阿波罗。从此以后，阿波罗就成了太阳之神。阿波罗的战车前面是四匹全身发出金光的马，车身用黄金打造，马和车发出金色的光和热量。阿波罗的职责就是每天驾驶着太阳战车在天空中行驶。阿波罗成为秩序的维护者，也是给尘世万物披上美丽光辉者，是较高文明的代表。

酒神狄俄尼索斯是古代希腊色雷斯人信奉的葡萄酒之

神。在奥林匹亚圣山的传说中他是宙斯与赛墨勒之子。赛墨勒是忒拜公主，宙斯爱上了她，与她幽会，天后赫拉得知后十分嫉妒，就变成公主的保姆，怂恿公主向宙斯提出要求，要看宙斯真身，以验证宙斯对她的爱情。宙斯拗不过公主的请求，现出原形——雷神的样子，结果赛墨勒在雷火中被烧死。宙斯抢救出不足月的婴儿狄俄尼索斯，将他缝在自己的大腿中，直到足月才将他取出。因他在宙斯大腿里时走路像瘸子，因此得名狄俄尼索斯（"瘸腿的人"之意）。酒神狄俄尼索斯不仅握有葡萄酒醉人的力量，还以布施欢乐与慈爱在当时成为极有感召力的神。他推动了古代社会的文明并确立了法则，维护着世界的和平。此外，他还庇护着希腊的农业与戏剧文化。他代表着一种最原始的自然崇拜。

尼采把阿波罗和狄俄尼索斯看成是两种最基本的冲动，任何艺术或源于阿波罗的冲动，或源于狄俄尼索斯的冲动，或是二者合一。他认为这两种冲动分别对应两种不同的生理和心理现象。阿波罗对应梦境，梦给人以美景，以美丽的面纱来遮掩现实生存的痛苦，在梦幻的世界里能获得最大快乐与幸福，而且"日神本身理应被看作个体化原理的壮丽的神圣形象，他的表情和目光向我们表明了'外观'的全景喜悦、智慧及其美丽"。然而这样容易使人沉溺在对这种外观的幻觉之中，让人忘却世间的悲苦。阿波罗又被称为"光明之神", 在他的光彩照射下, 世间的一切都显得明晰可见, 因而他又是掌控造型艺术之神, "每个人在创造梦境方面都是完全的艺术家, 而梦境的美丽外观是一切造型艺术的前提"。

然而梦总归是要醒来的, 美丽的梦境终归要回归到残酷的现实, 日神不可能独自承载生存的痛苦, 必须有其他的帮助。

酒神狄俄尼索斯对应醉态, 处于醉酒状态之下的人, "天性中升起了充满幸福的狂喜", 完全忘记了自己处于世间的一切痛苦, 获得一种神秘的狂欢感受, 载歌载舞, 纵情地释放自己的原始本能, 不受任何原则和世俗的约束, 从痛苦和毁灭中获得了悲剧性的快感。在"所有原始人群和民族的歌颂诗里都说到了那种麻醉饮料的威力, 或者是在春日熠熠照临万物欣欣向荣的季节, 酒神的激情就苏醒了。随着这激情的高涨, 主观逐渐化入了浑然忘我之境"。"在酒神的魔力之下, 不但人与人重新团结了, 而且疏远、敌对、被奴役的大自然也重新庆祝她同她的浪子人类和解的节日。大地自动地奉献它的贡品, 危崖荒漠中的猛兽也驯良地前来。酒神的车辇载着百卉花环, 虎豹驾驭着它驱行。一个人若把贝多芬的《欢乐颂》化作一幅图画, 并且让想象力继续影响数百万人战栗着倒在灰尘里的情景, 他就差不多能体会到酒神状态了。此刻奴隶也是自由人。此刻, 贫困、专断或'无耻的时尚'在人与人之间树立的僵硬敌对的樊篱土崩瓦解了。此刻，在世界大同的福音中，每个人感到自己同邻人团结、和解、款洽，甚至融为一体了。魔耶的面纱好像已被撕裂，只剩下碎片在神秘的太一之前瑟缩飘零。人轻歌曼舞，俨然是一个更高共同体的成员，他陶然忘步忘言，飘飘然乘风飞扬。他的神态表明他着了魔，就像此刻野兽开口说话、大地流出牛奶和蜂蜜一样，超然的奇迹也在人身上出现。此刻他觉得自己就是神，他如此欣喜若狂、居高临下地变幻，正如他梦见的众神的变幻一样，人不再是艺术家，而成了艺术品：整个大自然的艺术能力，以太一的极乐满足为目的，在这里透过醉显示出来了。人，这最珍贵的黏土，最珍贵的大理石，在这里被捏制和雕琢，而应和着酒神的宇宙艺术的斧凿声……"在这种精神支配下，人们忘掉人生的悲惨和痛苦，感受到原始的冲动得到了解放，从中产生了希腊舞蹈和音乐。

尼采认为，这两种精神冲动的交替作用产生了古希腊文化。在古希腊早期，阿波罗精神占主导地位，产生了古希腊的雕刻和建筑；接着狄俄尼索斯逐步盛行，于是产生了舞蹈和音乐；后来阿波罗和狄俄尼索斯相互冲击，产生了悲剧这种"既是酒神又是日神的艺术品"。人生来处于悲苦之中，日神阿波罗将它隐藏起来，呈现出美丽的外观，使人不至于悲观地失去自己。酒神狄俄尼索斯则把人生悲苦的现实全都吐露出来，使人认识到，只有在醉态中个体的毁灭和整体生命的坚不可摧才得以被接受，并由此产生快乐、幸福和形而上的慰藉。

谁谋杀了"悲剧"

苏格拉底是希腊悲剧消亡的工具，是典型的颓废派。用"理性"对抗本能，坚决主张"理性"就是埋葬生命的危险的暴力。

——尼采

以前古希腊的神话主要是以酒神精神为题材，在酒神的召唤下，生命原始的冲动、舞蹈和音乐的冲动、日神美景的美丽、神秘仪式的迷狂和幻想及生命悲苦之中寻求再生的快乐，这一切都显得充满了活力。

这种精神遭到了来自理性的排斥。随着希腊人理性能力的不断增强，人们开始把希腊神话看作既定的历史事实，把"全部神话的青春梦想机智而任性地标记为实用史学的青年期历史。因为宗教常常如此趋于灭亡：在正统教条主义的严格而理智的目光下，一种宗教的神话前提被当作历史事件的总和而加以系统化，而人们则开始焦虑不安地捍卫神话的威信，同时却反对它的任何自然而然的继续生存的繁荣；神话的心境因此慢慢枯死，被宗教对历史根据的苛求取而代之"。

希腊人对酒神精神的排斥是悲剧灭亡的根本原因，而造成悲剧灭亡的始作俑者是古希腊三大悲剧诗人之一的欧里庇得斯。是他"把那原始的全能的酒神因素从悲剧中排除出去，把悲剧完全建立在非酒神的艺术、风俗和世界观的基础之上——这就是现在已经暴露在光天化日之下的欧里庇得斯的意图"。尼采指控他的理由就是，他把普通群众带上了舞台，从而使得悲剧语言生活化，悲剧内容的平庸化和世俗化，原本是对生命意志的体验而变成了拙劣的模仿，悲剧逐渐转向理性，冷静的思考逐渐取代了酒神的陶醉，日神也逐步取代了酒神，悲剧丧失了悲剧精神，悲剧的灭亡变得不可避免，因此欧里庇得斯成了古希腊悲剧的罪人。

其实，欧里庇得斯向来蔑视民众，他只按照两个人的要求行事，一是作为批评家的自己，一是因亵渎神灵被判死刑的苏格拉底。他只不过是苏格拉底思想的附和者，是苏格拉底的替身，"只是一个面具借他之口说话的神不是酒神，也不是日神，而是一个新的恶魔叫苏格拉底。这是一个新的对立，即酒神和苏格拉底的对立。而希腊悲剧的艺术作品在这种对立中归于毁灭"。因此，希腊悲剧灭亡的罪魁祸首应是苏格拉底，是他谋杀了希腊悲剧。苏格拉底反对悲剧艺术，从来不喜欢看悲剧作品，但欧里庇得斯的悲剧作品演出时，他几乎每次都到场观看，也许是因为在欧里庇得斯悲剧作品里充满了苏格拉底的理性主义和乐观主义。

苏格拉底，著名的哲学家，出生于雅典一个普通公民的家庭。他具有朴实的语言和平凡的容貌，生就扁平的鼻子，肥厚的嘴唇，凸出的眼睛，笨拙而矮小的身体和神圣的思想，被后人广泛认为是西方哲学的奠基者，不幸的是，在公元前399年被保守派贵族以煽动青年、侮辱雅典神的罪名当众受审并处以死刑。

苏格拉底一生好学，即使在他生命的最后一刻，也不忘思考与学习。苏格拉底坐牢时，听见隔壁牢房里有个新来的犯人在哼歌，那是一首新歌，他以前从未听过。苏格拉底急忙请求唱歌的狱友教他那首新歌。监牢里的人都知道苏格拉底是死囚，行刑日期迫近。听了他的请求，唱歌的囚犯很吃惊："您不知道自己马上就要被处决了吗？""我当然知道。"苏格拉底轻松地回答。"那您为什么还要学新歌呢？"狱友不解地问。他回答说："这样我死的时候就多会一首歌。"

苏格拉底主张追求理性和真理，认为"理性＝美德＝幸福"，而他所谓的真理是必须具有明确的理论根据和事实论证，有清楚明晰的思维轨迹和可以遵循的思维方法，例如辩证法。而尼采的酒神精神与希腊神话则被苏格拉底称为违背科学的"模糊的、混乱的、空洞的思想"，给予批判。在他看来，真理即为知识，知识即美德，是最大的善，一个人只要有了知识，就有了善，也就必然行善行，因为"没有人在有意作恶或无意为善"，"趋恶避善不是人的本性"。苏格拉底也意识到了欲望和幸福之间的对立，认为"欲望要成为暴君；人们得发明一个更强大的反暴君"，主张人用理智和意志来克服本能的欲望，过节制的生活，一味地放纵自己的激情和欲望，只能导致痛苦和毁灭。他认为知识和理性是评判一切价值的衡量标准，而且这个标准自产生一直延续了两千年之久，成了被西方社会普遍认同的文化传统，因此苏格拉底本人被西方众多学者崇拜有加，甚至被称为西方的孔子。

尼采却把苏格拉底看作西方文化衰败的征兆，并进行了无情的批判，这种批判也预示着尼采对西方文化传统提出了挑战。

尼采"把苏格拉底和柏拉图看作衰败的征兆，希腊解体的工具，伪希腊的，反希腊的"，"是对生命持否定态度"，"是愚蠢的行为"，"希腊悲剧艺术作品就毁灭于苏格拉底精神"。它杀死了酒神，把生命的原始冲动和激情予以否定，并加以遏制，使生命失去了动力之源。尼采还称苏格拉底"属于最底层的人"，是贱民。由于苏格拉底，希腊人的趣味转向辩证法，高贵的趣味被贱民所取代。尼采认为，辩证法只是苏格拉底一个复仇的形式，是贱民怨恨的表现，而且"一个人只是在别无他法时，才选择辩证法。他知道，使用它会引起猜疑，而且它少有说服力"，而"理性＝美德＝幸福"这一古怪的等式同古希腊人的全部本能相悖。"知识即美德"；罪恶仅仅源于无知；有德者即幸福者——悲剧的灭亡已经包含在这三个乐观主义基本公式之中。苏格拉底把理性、美德、幸福三者相提并论，用这荒唐的同一性学说玩魔术。于是，古代哲学家再也没有跳出这个学说的羁绊……而这无非是强迫人们必须仿效苏格拉底，制造一种永恒的白光，来对抗黑暗的欲望。

尼采认为，苏格拉底是所有自欺者中最聪明的人，在自己勇敢赴死的智慧里悟出了这一点，不是雅典人，而是他自己端起了毒杯，他向雅典人索要毒杯……苏格拉底与前苏格拉底的对立体现了理性与本能的对立。苏格拉底的理性是颓废的，是虚无主义的表现。苏格拉底的理性是低贱，而本能体现了高贵的生命力。

尼采通过对古希腊悲剧诞生和灭亡的阐述，希望德国人能从中得到有益的启示。当时的德国文化因过分追求知识和理性而失去了自我本真，这与苏格拉底的时代非常相像。不过在德国音乐中还保留着代表文化觉醒的酒神精神，尼采试图用它来拯救德国文化。

悲剧的苦果

1872 年 1 月 2 日，尼采收到了来自出版社的新书——《悲剧的诞生》。这本书倾注了他的无数心血，甚至付出了健康的代价。虽说尼采对这本处女作并不是很满意，但此时的他犹如抱着自己的孩子一般，露出无比激动、欣喜的同时，也期望听到她发出的声音。

尼采把自己的第一部书写上满意的签名赠给瓦格纳，瓦格纳立即热情洋溢地回复："我还没有读过比您写得更好的书。真是太好了！"这样美好的赞扬来自一位此书受益者之口，而且来得如此之快，让尼采感觉尤为不自在。倒是瓦格纳妻子科西玛两周后的回信使得尼采宽慰许多："您在书中用魔法召唤来了精灵，我相信它们仅仅是为我们的大师服务的。"尼采的好友罗德、布克哈特、奥弗贝克纷纷表示赞同和热烈的祝贺。

令尼采费解的事情发生了，原本以为这部著作即使得不到它应有的赞赏，也至少会引起学术界强烈的轰动，产生较大的思想风暴。而此时学术界却表现得异常安静，对该部著作只字未提，好像不存在一样。1 月 30 日，他给自己的老师里奇尔写信征求建议："最尊敬的枢密顾问先生，我想您不会责怪我的惊奇，因为我还没有听到您对我最近出版的书发表任何意见，但愿您也不会责怪我这样坦率地向您表示我的惊奇。因为这本书是一种宣言性质的东西，最不希望遇到沉默。如果我告诉您，我推测在您、我最尊敬的老师那里大概有什么印象，也许您会感到惊异。我想，如果您在生活中碰到某种充满希望的东西，那么恐怕就是这本书，它对我们的古代科学，对德国本质是充满希望的，尽管许多个人将因此而毁灭。"里奇尔在他的日记里这样记载——尼采的《悲剧的诞生》＝天才的眩晕"，并以"自大狂"这三个字回复了尼采。在这之后的近四个月里，唯一提到这本书的只有一家小报："不管是谁，写了这种书，他的学者生涯就算到头了。"这不是尼采想要的回应，更像是落井下石。

接下来的事情，让尼采充分地明白了什么是"没有消息，就是好的消息"。同年 5 月底，德国后来具有影响力的语言学家，也是尼采在普福塔中学的校友维拉莫维茨，发表了长达三十二页的论战文章《未来的语言学！对弗里德里希·尼采〈悲剧的诞生〉的回答》。当时维拉莫维茨才 24 岁，刚刚从柏林大学取得博士学位毕业。他从捍卫古典语言学传统出发，全方位地攻击尼采的哲学思想和语言学观点："我觉得最高的思想是世界的合乎规律的充满生机与理性的发展。我怀着感激的心情，敬仰那些天才，他们一阶段一阶段地向前进，努力取得世界发展的秘密。我赞叹地试图接近永恒美之光，这种美照射着艺术，照射着各种各样的现象。在这里我看到几千年的发展被否定了；在这里有人抹去了哲学和宗教的启示，为了使一种模糊不清的悲观主义凄凉地露出半喜半忧的丑态；在这里有人把神像打得粉碎，与此同时，诗文和造型艺术布满我们的天空，为在神像的粉末中向偶像理查德·瓦格纳顶礼膜拜。"他甚至攻击尼采对本专业毫无所知，犯有常识性错误："本专业的创造性的研究居然毫无所知，温克曼的著作他很少阅读和了解，对戈特弗里德·赫尔曼和拉赫曼的著作也是如此。尼采还把一些东西弄得乱七八糟，不注意历史年代，把荷马以后的文章误认为是荷马以前的文章。维拉莫维茨说的也并非一无是处，尼采自己也承认："它是一本不可思议的书，——我是说，它写得很糟，笨拙，艰苦，耽于想象，印象纷乱，好动感情，有些地方甜蜜得有女人气，节奏不统一，无意于逻辑的清晰性，过于自信而轻视证明，甚至不相信证明的正当性宛如写给自己看的书。"但无论如何，让这样一位年轻的小辈批评，尼采显得没有面子。为了给尼采争得颜面，瓦格纳在《北德大公报》上以书信的形式公开为尼采辩护，但效果微乎其微。出于朋友的关怀，罗德建议尼采不要正面回应，以免有失身份。罗德自己写了一篇《伪语言学》反驳维拉莫维茨，说他对这部著作并没有深入的理解，浮于表面，因而作出了错误的理解和歪曲的指责。维拉莫维茨的回应也相当犀利："你罗德从内心里是赞同我维拉莫维茨的，你写文章只不过是想表明你同尼采的友谊。"

这场争论以尼采的失败告一段落，参与评论的学者几乎都站在维拉莫维茨的一边，更何况参战的学者本来就不多，著名的学者就更是屈指可数了。这场论战不仅使尼采抱有极大希望的著作遭人非议，也使得尼采语言学家的声誉一落千丈。新学期开始，来听尼采课的人越来越少，尼采精心准备的《希腊人和罗马人之间的辩论术》到后来听课的只剩下两个人，一个是研究日耳曼语言学的，一个是法科的。

尼采这次大胆的尝试没有得到语言学界的理解，也没有哲学学者给予应有的重视，这部作品被众人遗弃在黑暗的角落里。这也许正预示了这位怀才不遇的哲学家的悲剧命运。

痛失瓦格纳

而正在这时，瓦格纳为实现自己出演歌剧《尼伯龙根的指环》的梦想准备举家迁往拜洛特，在那里建造一座大剧场以更好地体现这部剧的盛大效果。尼采听到这个消息，饱含深情地给瓦格纳夫妇写了一封信："在过去的三年里，我们的生活一直是与特里普森连在一起的，我一共来这里拜访了33次，这些拜访对我来说太重要了。没有这些拜访，我会成为怎样的人呢？我非常高兴我已经把特里普森给我带来的生活反映到我的著作之中。"如果说《悲剧的诞生》使他失去了语言学家的光环，遭遇到了冷漠与批判，体会到了世间的无情与悲凉，那么瓦格纳的离开则使得这颗孤零的心丧失了慰藉的家园。从此之后，尼采与瓦格纳开始疏远，友谊开始渐淡，直至最终的冲突与决裂。

来到拜洛特的瓦格纳为大剧场的建造而忙碌，其间尼采多次探望过瓦格纳，但每次会面在谈到哲学与艺术问题时，瓦格纳都表现出毫无兴趣，而对他的歌剧院则兴致勃勃地侃侃而谈，这令尼采非常失望。尼采对瓦格纳的看法也由此开始改变，对他的崇拜也开始逐渐消减，但在其后发表的《不合时宜的沉思》之《理查德·瓦格纳在拜洛特》一书中并没有公开地表露出来，他依然歌颂瓦格纳，把他作为德国文化的代表加以赞扬，但瓦格纳逐渐滋生的傲慢和强烈的支配欲使尼采感到无比压抑。瓦格纳因与门德尔松家族之间存在个人矛盾，故极力反对尼采与一位门德尔松氏的朋友到意大利旅游，尼采出于挽回与瓦格纳的友谊，放弃了这次出行，但内心却无比气愤，他在日记中写道："这个专横的人，除了他自己以外，对别人的人格包括亲近的朋友，都不尊重。"为什么瓦格纳如此猜疑？""难道我没有受尊重的权利？难道我得叫什么人指挥？为什么瓦格纳如此专制？"至此，他对瓦格纳的崇拜由怀疑演变成动摇。

1872年的圣诞节尼采以身体原因婉言拒绝了瓦格纳夫妇的邀请，回到瑙姆堡与家人团聚。次年5月，瓦格纳过生日，再次邀请尼采去拜洛特，但尼采当时正赶写一篇题为《作为教育家的叔本华》的文章，因而再一次拒绝了瓦格纳的盛情邀请。尼采两次拒绝瓦格纳的邀请，一方面是出于身体和工作的原因，另一方面，此时的瓦格纳对他而言已失去了往日的吸引力和感染力。这令瓦格纳非常生气，而尼采对这份友谊也很纠结。作为补偿，6月尼采和妹妹伊丽莎白一同到拜洛特拜访瓦格纳夫妇。也许是出于巧合，抑或是尼采这次拜访的目的使然，在瓦格纳的家里，尼采演奏起了勃拉姆斯的音乐，而勃拉姆斯是瓦格纳平生最反感的人。瓦格纳勃然大怒："我非常清楚，尼采要我知道那个人也创作美妙的音乐，我几乎忍不住要爆发了！"经过伊丽莎白和瓦格纳妻子科西玛的调停，瓦格纳平息了怒火，二人很快"和解"。尼采的这次演奏几乎把他们的友谊推到了风口浪尖，之后的两年里，二人再也没有见过面。

病痛的折磨和友谊的破灭，使尼采陷入孤独之中，他感叹道："人到三十，生活成了一件艰难的事情。"

1875 年，当尼采听到瓦格纳准备创作基督教神秘歌剧《帕西法尔》时，内心痛苦不已，声称："瓦格纳已死，我将再一次陷入孤独的境地。"《帕西法尔》讲述的是一群骑士保卫圣杯的神话故事。众多骑士一起保卫那盏耶稣最后晚餐时饮用过的圣杯，邪教巫女孔德丽为得到圣杯，幻化成美女引诱他们。骑士们经不起诱惑，丢掉了圣杯，并被邪恶的魔鬼克林莎杀死。后来，年轻勇敢的帕西法尔揭穿了他们的阴谋，抵制住了巫女孔德丽的诱惑，杀死了魔鬼克林莎，重新夺回了圣杯。剧中，武士帕西法尔乃是虔诚基督教徒的化身，而克林莎代表的乃是异教徒。瓦格纳极尽其所能描述了异教徒的诱惑力，但是帕西法尔克服了克林莎，即克服了异教，象征着基督教克服了异教。瓦格纳的这部歌剧迎合了当时人们寻求麻醉和解脱的双重需要，充满了同情和拯救，这是他皈依基督教的征兆。

尼采厌恶的不仅是《帕西法尔》中强烈的基督教情绪。该剧还是瓦格纳与悲剧艺术彻底告别的标志，剧中充满极尽奢华、空泛拙劣的对悲剧的模仿，在尼采看来，该剧本身乃是典型的戏剧主题。"《帕西法尔》是对知识、智力、情欲疯狂仇恨的产物，是一气呵成的对情感和理智的诅咒，是仇恨的发作，是一种背叛和对基督教病态、反对进步理想的回归，最后甚至是对自我的否定、清除。"为此，尼采与瓦格纳两人交往停止。

1878年1月，瓦格纳完成了歌剧《帕西法尔》的创作，并赠予尼采，希望得到他正面积极的回应，然而尼采在很长一段时间里对此保持沉默。后来在给朋友的信中对它进行了评论："它倒像李斯特而不像瓦格纳的作品，充满了反革命的精神。对于像我这样习惯了希腊式的普遍人性视野的人看来，这剧本太基督教化了，太狭窄了。里面充满了种种奇谈怪论，没有骨肉……语言好像是从外国翻译过来的。"同年5月，尼采完成了著作《人性的，太人性的》一书，书中直接攻击了瓦格纳。不久瓦格纳在拜洛特的《日报》上发表了每一页都充满了疯狂的报复的《公众与普及》，至此两人关系正式公开破裂。

尼采对失去瓦格纳的友谊非常难过，他在给朋友的信中说："我失去瓦格纳的友谊这一事实……是没有任何事情能给我补偿的。我们之间从没有说过一个不合意的字眼，甚至在我的梦中也没有过，只有数不清的鼓励和欢悦的语言，也许我在朋友中间，从来没有过那么多欢笑了。现在，那一切都已成为过去——在许多观点上，有权反对他有什么用啊！虽然，一个人可以用此方法从记忆中抹去这份失去的友谊啊！"

第4章

爱情的苦果

　　尼采一生与几位女性交往，并产生过几次刻骨铭心的爱情，但都没能成功，最终孤独终生。这与他生长的环境不无关系，尼采就像《红楼梦》中的贾宝玉，在女人堆里长大。5岁那年，他失去了父亲和弟弟，从那以后，尼采就一直与母亲、妹妹、姑妈和祖母一起生活，可以说是被圣洁的女性养育长大的。小时候的玩伴也只有妹妹伊丽莎白，整个少年时代除在学校外都被女性围绕着。他既受到这些女人们无微不至的关怀，又受到她们的约束。尤其是他的母亲和妹妹，是他终生依恋和爱戴的女人。因此，除了母亲和妹妹外，他很少和其他女性接触，从而也缺少对女人的了解，女人在他的心中被神圣化，爱情则被他视为纯洁、完美的代名词。

羞 涩 初 恋

尼采的初恋出现在普福塔中学读高中时，那时他19岁，风华正茂。有一天他到朋友家里练习钢琴，偶然碰到了一位年轻漂亮的柏林女孩。这位女孩正好是尼采同学的妹妹，名叫安娜·莱德尔。尼采对她的琴技很是欣赏，认为她是个不同寻常的美女。安娜·莱德尔也不排斥他，二人在朋友的家里上演了钢琴二重奏，配合得非常默契。离开朋友家的尼采像是变了一个人，一改往日的沉闷，变得有些冲动，言语之中更是透露出喜悦之情。尼采隐藏不住内心的这份喜悦，他写信给妹妹伊丽莎白，热情洋溢地把自己的这份欣喜告诉了她，希望得到妹妹的支持，并想从她那里讨一份四手联奏的乐谱，以便和心中的恋人一起演奏。然而，伊丽莎白让尼采非常吃惊，她不但没有给他寄乐谱，反而在回信中义正词严地教训起了哥哥。她告诫尼采，作为一名高中生，一个即将跨入大学的学生，不专注于自己的学业，而与一个女孩子谈恋爱，这是很不理智的，也是很不合适的，并扬言如果他再这样下去，就会告诉母亲，由她来处置尼采。尽管在接下来的回信中尼采也给自己辩护，但终是感觉自己不对，毕竟在高中时候谈恋爱有些不妥。就这样，尼采的初恋刚刚露出一点火花，就被妹妹伊丽莎白的一瓢冷水给泼灭了。

伊丽莎白是对的，正是她及时地"纠正"，才使得尼采在普福塔最后一年中认真学习，并开始研究一些学术性问题，完成了关于泰奥尼格斯的论文。1864年9月，尼采以优异的成绩从普福塔中学毕业，并在毕业典礼上代表毕业生向母校致谢词。不久后，他获得了波恩大学的奖学金，进入世界著名的大学。

师 生 恋

尼采的第二次恋爱出现在1876年，此时的他已经是巴塞尔大学众多学生追捧的明星教授。尼采对爱情则表现出迟钝和怯弱，他更喜欢在梦幻中追求自己完美和纯洁的爱情，面对中意的女性时，他喜欢站在远处尽情地欣赏，而不去靠近，生怕自己的鲁莽和不小心破坏了自己的美梦。

此举与尼采个人的现实生活有密切的关系。他自认为自己有高贵的贵族血统，是这个时代的英雄，强烈的事业心和使命感注定自己与众不同；再加上他自小性情孤僻，喜欢清静，所以在选择上他更加挑剔。另一方面，尼采自小身体不好，经常不能自理，妹妹伊丽莎白经常伴随着尼采，照顾他的起居，并影响着他，特别是在婚姻爱情上，妹妹的嫉妒和干预也是他爱情失败的一个原因。

1875年8月，尼采的病日益加重，他停止了读书和写作，停止了在巴塞尔大学的授课。妹妹伊丽莎白赶来，在巴塞尔租了一间房子，一边照顾哥哥一边处理他的事务。但由于她还要照顾远在瑙姆堡的母亲，所以对哥哥的照顾时断时续。在这段痛苦的日子里，尼采常常感叹自己被可怕的死神包围了，渴望能够结婚，找一个心爱的人来照料他，陪伴他度过余生。

1876年三四月间，尼采开始旅行疗养，住在日内瓦湖畔。在那里，他与音乐指挥家冯·森格的学生特兰贝达偶然相遇，当时的尼采已是一个小有名气的大学教授，而特兰贝达是一个充满好奇心并喜欢幻想的女学生。第一次见面时，尼采渊博的学识和在音乐上表现出的出众才华得到了这位天真女孩的欣赏。出于崇拜和仰慕，特兰贝达总喜欢向尼采讨教一些音乐和人生方面的问题。他们时常在一起散步、爬山，在高高的山上尼采意味深长地给特兰贝达朗诵自己写的新诗歌，特兰贝达则放声唱起优美动听的歌曲。他们一路上说说笑笑，直到太阳下山夜幕降临才各自回自己的住处。显然，尼采被这位充满青春活力的女孩吸引住了，在她面前有说不完的话，讨论不完的话题，好像找到了与自己志同道合的红颜知己。当他一个人独处的时候，常心神不宁、坐立不安，有强烈地想见到特兰贝达的冲动，他知道自己已爱上了这个女孩。他决定把特兰贝达约出来表白，但羞涩、胆怯的他害怕被拒绝，好几次话到嘴边又咽了下去，丧失了好几次表白的机会。然而天下没有不散的筵席，离别的时间越来越近，尼采就越来越迷茫，越来越不知所措。临分别的那个晚上，尼采决定用书信的方式向特兰贝达表白。他在书信中一改往日优美的笔风，用笨拙、幼稚的语言写道：

我的小姐：

您今晚给我写了一点东西，我也想给您写点东西。

请您集中您心中的全部勇气，以免因我在此向您提出的问题而大吃一惊。您愿做我的妻子吗？我爱您，我觉得，您仿佛已经属于我了似的。别怪我爱得突然！至少这不是什么过错，因此也不需要原谅。但是我想知道的是，您是不是与我有相同的感觉——我们彼此并不陌生，任何时候也不！您不也相信我们结合以后对我们之中的任何一个都比独身更自由、更好、"更上一层楼"吗？您愿意敢于同我，一个诚心诚意追求和善良的人一起前进吗？在生活和思考的每条小路上？请您直言不讳，不要有任何保留！除了我们共同的朋友冯·森格先生以外，谁也不知道这封信和我的询问。我明天11点钟乘快车返回巴塞尔，我必须回去。我附上我的巴塞尔的通信处。如果您能对我的问题给予肯定的答复，那我将马上给您的母亲大人写信，并请您告诉我她的地址。请您克制自己，迅速作出决定：同意或者反对——这样到明天10点在德·拉·波斯特旅馆我就可以看到您的书面答复。祝您永远万事如意，一切顺利。

弗里德里希·尼采

1876年4月

这封信读起来枯燥无味，没有任何精彩的地方，甚至不像一封求爱信，倒像一封爱情商调函。以尼采的才华，不应该写出这样的信，也许是因为太激动、太兴奋了。他好像更愿意见到特兰贝达的主动，最好是现实版的美女惜英雄。他渴望得到激烈的、疯狂的爱，但他又不愿失去自己生性中的高贵和尊严。

当特兰贝达读到这封信时，并没有表现出尼采所希望的热情，而是大吃一惊。自己崇拜和敬仰的老师在与她交往中，竟然对自己产生了如此不寻常的感情。而且他要求她在启程之前以书面的形式答复他，这对一个女孩子来说太难为情了。经过再三考虑，为了不伤害尼采的感情和颜面，特兰贝达声称自己已有所爱，委婉地拒绝了他。

当尼采知道特兰贝达另有所爱时，他没有选择竞争、决斗，而是选择退却。特兰贝达不想伤害这位她非常崇拜和敬仰的老师，但这件事给尼采带来的伤害还是很大。这是他第一次正式地、主动地谈恋爱，被拒绝的尴尬局面和伤痛让他在爱情上产生了自卑，而这种自卑和固有的自傲一直伴随着他，影响着他。

尼采在回到巴塞尔的很长一段时间里都没能从恋爱失败的阴影中走出来。一个月后，当朋友提出要给他介绍对象时，他断然地拒绝了，并声称："我不要结婚，我讨厌束缚，更不愿介入'文明化'的整个秩序中。因此，任何妇女很难以自由之心来跟随我。近来，独身一辈子的希腊哲人们时时清晰地浮现在眼前，这是我应该学习的典范。"

暗恋科西玛

受伤的尼采不再鲁莽，虽然在公众场合他和一些女性讨论爱情，但很少表露自己的感情。他的感情由此进入了"地下"，开始迷恋瓦格纳的太太——科西玛。虽然他从始至终都没有向科西玛表达过自己的感情，但他在杜林摔伤时，曾给科西玛送上一张纸条，上面写着："阿里阿德涅，我爱你！

狄俄尼索斯。"在患上精神病入院时他对医生说："是我太太科西玛带我来的。"可见，在尼采的心里早已把科西玛当作了生命的守护神。后来，他与瓦格纳的关系逐渐恶化，可能与此有一定的关系。

在尼采内心里存在着强烈的恋母情结，对另一半也同样有着母亲般的依恋。科西玛在尼采与瓦格纳的交往中，为他们做了很多工作。在特里普森的时候，瓦格纳夫妇在家里特别为尼采准备了两个房间，热情地招待他，非常得体地给这个孤独的年轻人以安慰和关照。他到瓦格纳家，享受到了温馨、欢乐和自由，产生了对瓦格纳像父亲一样的崇拜，对科西玛母亲般的依恋，使得他对科西玛产生了爱慕之情。

科西玛是法国著名音乐家李斯特的女儿，她生性聪慧浪漫，相貌出众，具有艺术天赋，受过系统教育，可以说才华横溢，是典型的法国文化的缩影，而尼采又非常崇尚法国文化。

科西玛原本是李斯特的学生彪罗的妻子。1853 年，瓦格纳拜访李斯特时，科西玛年仅 14 岁。几年以后，科西玛嫁给李斯特最喜爱的学生冯·彪罗。他是当时最著名的钢琴演奏家和音乐指挥家，也是瓦格纳的好朋友。出身音乐之家的科西玛干练自信且满怀雄心，希望自己的丈夫在音乐事业上干出成就，但丈夫彪罗却信心不足，总觉得在音乐方面不如瓦格纳。科西玛时常跟随丈夫彪罗到好友瓦格纳家中做客，久而久之，科西玛被瓦格纳与众不同的音乐天赋和他对音乐事业的雄心抱负所吸引，两人产生了感情。起初丈夫彪罗一无所知，还全力为瓦格纳作品的上演奔波。彪罗知道真相时，已无可挽回。科西玛抛下前夫和两个孩子，来到瓦格纳的身边，尽心尽力地充当起了妻子、秘书和家庭主妇的角色。尼采认为，科西玛是瓦格纳从好友彪罗那里抢来的，因而作为瓦格纳好友的尼采也可以效仿，但这要科西玛的同意。

尼采毫不隐讳自己对科西玛的好感，称"她是审美问题上的第一声鸣唱"，并把自己的第一本书《悲剧的诞生》送给了她，为她写了很多优美的诗篇。当尼采不再盲目崇拜瓦格纳时，戏言称科西玛是瓦格纳的"避雷针"，甚至产生了"杀父娶母"的情节。尼采用古希腊神话故事来表达自己对科西玛的好感：他把科西玛比作阿里阿德涅，瓦格纳是英雄特修斯，而自己则是酒神狄俄尼索斯。阿里阿德涅是太阳神的外孙女，后来与英雄特修斯一见钟情，并帮助英雄杀死了牛头人妖弥洛陶斯，并成功逃出了迷宫。弥洛陶斯是国王的宠物，喜欢把鲜嫩的人类作为点心咀嚼。当他们撑船经过一个小岛——纳克索斯时，一场悲剧发生了，酒神狄俄尼索斯突然降临，并对特修斯说："我才是阿里阿德涅命中注定的丈夫。"可以想象这对恋人的惊惧，但人和神是无法对抗的，特修斯在经历了无数的眼泪和痛苦之后，狠心丢下了阿里阿德涅。一直疯狂热恋阿里阿德涅的酒神狄俄尼索斯把她接到莱姆诺斯岛，并将特里特岛赠送给她，以表爱慕之情。在婚礼上，他为她戴上美神和工匠之神精心打造的金光灿灿的王冠，据说特修斯曾借助王冠上的光走出了漆黑一团的迷宫。通过这个悲剧故事，映射出了尼采对科西玛痴迷的爱和强烈的占有欲。

尼采在其自传体著作《瞧！这个人》中，对这种感受进行了描述："这是一种宝石绿的幸福，一种神性的温柔，在我之前是无人能言的。连这位狄俄尼索斯的发自肺腑的叹息，也会成为纵酒狂歌的诗篇。""从来没有人赋予过这样的诗句，没有人有过这样的感受，没有人有过这样的遭遇。只有神祇酒神狄俄尼索斯有这样的遭遇。太阳在光辉中的沉寂对于这种诗情的回答，当是阿里阿德涅……除我之外，谁知道阿里阿德涅是什么人？"后来，尼采用一张纸条道破了玄机："阿里阿德涅，我爱你！狄俄尼索斯。"

而这一切都是尼采的幻想，或者说是他的一厢情愿，科西玛对此一无所知。尼采渴望这份温暖，渴望这份爱，以至于产生了幻想。在深夜，科西玛轻轻地走进他的梦乡，可当发现她是在偷走他的心时，尼采的自尊心受到了伤害，"难道要我，像狗一样，/在你面前打滚？/向你摇尾乞怜？……我不是只狗，是被你追击的野兽，/最残忍的猎手！/我是你的最高傲的俘虏"。可见，他渴望得到那狂热的爱，但又不想失去自己的高贵和尊严，而内心的恋母情结又使他产生了一种负罪感。他选择逃避，但又不能躲避内心的自责和痛苦，于是，他"回来！/带回你的一切折磨！/我所有的/眼泪形成河向你流去，/我胸中最后的火/为你燃烧起来。哦回来，/我陌生的上帝！我的痛苦！/我最后的幸福"。

自卑孤僻的性格使得尼采在感情的表达上显得胆怯，不知所措。或许他更愿意站在远方欣赏女性的美，抒发自己无限的情怀和爱意。然而，在他的著作里表现的是慷慨激昂，是英雄的悲剧，是挑战，是斗争，是呐喊，是牺牲。这就是尼采，矛盾、复杂的尼采。他对科西玛的感情，随着他与瓦格纳关系的彻底破裂，甚至是转变成相互攻击的敌对状态而最终破灭。

征婚运动

从巴塞尔回到瑙姆堡的尼采面黄肌瘦，一副无精打采、意志消沉的样子，让他的母亲很为他担心。而实际上尼采的情况比母亲想象的更糟，此时的尼采深受胃病和其他病症的折磨，经常吐个不停，有时甚至吐出胆汁，他主要靠服用有毒的镇静药来维持生命。这着实伤透了这位老母亲的心，原本期望自己的儿子能在巴塞尔大学光宗耀祖，可没想到现在他却拖着病体回到家中，连个对象都没有。母亲明白，现在儿子还在巴塞尔大学做教授，毕竟是个令人眼馋的职业，如果以后尼采一旦真的失去了这个职位，找对象就更困难了。为了让尼采得到很好的照顾，过上正常人的生活，母亲思考再三，决定为他找个称心的媳妇。于是，在母亲的倡导下，全家人及朋友为尼采展开了轰轰烈烈的征婚运动。

他们制定了一整套详细的计划，目的就是要找到"好而美"的女孩，而所谓的好不仅是人品要好，家庭条件也要比较富裕，以保证他们以后的生活。美则是尼采的意思，这次更显出他的高傲和孤芳自赏的心态。关于这次征婚运动，尼采曾写信给他的妹妹伊丽莎白，希望能得到她的支持和帮助。

他说："……最亲爱的妹妹，除了你的信以外，没有什么令人高兴的东西。你的信中谈到的一切问题都是中肯的。我的状况很坏！十四天里，我在床上躺了六天，有六次大发作，最后因此完全使我绝望。我起床了，因为冯·迈森贝克小姐因风湿病要卧床三天。当我给她读从信中选出的一些语句时，我们在极痛苦的情况下一起大笑起来——现在的计划（冯·迈森贝克小姐认为必须不可动摇地密切注视这个计划，为了实现这个计划你也得协助）使我们确信，我不能长期在巴塞尔大学里任教，在那里工作严重妨碍我所有比较重要的计划而且大大损害我的健康。当然我还必须在这种情况下在那里度过今年冬天，但如果别的结合成功，也就是同一个与我相配的但必须富有的女子结婚的话，到了1878年复活节，这种状况就要结束了，正如冯·迈森贝克小姐所说'好而美'，对这个'而'字我们大笑不已。今后几年我将同这样一个女子在罗马那地方，对我的健康、社交和研究都同样合适。今年夏天在瑞士将促成这个计划的实现，以便我在秋天结婚后来到巴塞尔。各种不同性格的人曾被邀请来到瑞士，其中有一些人的名字你还没有听过，例如柏林的艾丽丝·比洛夫、汉诺威的埃尔斯贝特·布朗德斯。按照精神质量，我总认为娜·赫尔岑是最合适的。为了美化日内瓦的小克克特，你做了许多事情！赞扬、荣誉和称颂！但这是需要考虑的，那么财产呢？"

尼采也认识到了自己的身体状况，感觉找一个既能照顾他的生活起居，又能为他分担精神痛苦的伴侣，是件美好的事情。

最后的尝试

在家养病的这段日子，这位即将"把欧洲人面临的价值真空指给全体欧洲人看"的伟大哲学家，几乎孤独地窒息。他不停地呐喊："我期望一个人，我寻找一个人，我找到的始终是我自己，而我已不再期待我自己了！""现在再没有人爱我了，我如何还能爱这生命！""如今我孤单极了，不可思议的孤单……没有一丝人间气息，没有一丁点儿爱。"

其实，尼采被许多贵妇青睐，如包茉丽、区露瑟等，其中有一位长尼采二十八岁与瓦格纳交情匪浅的梅森葆，她对尼采非常关心，尼采称她为"我所知的最优秀的妈妈"，并希望她收自己为干儿子。那时欧洲流行宫廷贵妇与艺术家之间的这种暧昧关系。看到尼采的身体和生活状况，梅妈妈决定为自己的"儿子"找个女朋友。尼采说："考虑到我今后十年的计划，我需要她。结婚完全是另外一回事——我顶多只能承受两年的婚姻，这也是着眼于今后十年我的计划。"此时尼采对婚姻不仅有强烈的渴望，更有无限的失望。梅森葆给他介绍的是一位俄罗斯女孩，并保证是个"特立独行的姑娘"和"罕见尤物"。尼采对此并没有表现出年轻人应有的热情，只随口答应见一次面。

梅森葆给尼采介绍的这位俄罗斯女孩名叫莎乐美，其实从某种意义上讲，莎乐美并不算俄罗斯人，她没有俄罗斯血统。父亲莎古夫是南法胡格诺教徒，为了逃避法国的迫害，6岁的莎乐美跟随父母远走圣彼得堡，后来父亲在沙皇尼古拉一世手下寻得一官半职。母亲魏露瑟为北德与丹麦血统，他们共生五个孩子，莎乐美是最小的一个。她从小就是个不同寻常的漂亮女孩，喜欢探讨佛教、印度教、伊斯兰教的异同和原始社会宗教迷信的象征、习俗与仪式，还广泛涉猎宗教现象学、哲学、逻辑学、形而上学、认识论、教义学、《旧约》、法国古典主义戏剧、笛卡儿著作、席勒著作和德国古代神话。在老师吉衡德的指导下，莎乐美遍读康德、索伦·齐克果（**丹麦宗教改革家、存在主义哲学家**）、卢梭、伏尔泰、莱布尼茨、费希特和叔本华的书。后来，她又在苏黎世大学（**该大学是欧洲第一批接受女生的大学之一**）学习普通宗教哲学、宗教史、逻辑、形而上学、考古学和历史。这些课程让莎乐美成为一位名副其实的才貌双全的女孩，但她比较离经叛道，从小就开始怀疑上帝，并拒绝接受新教坚信礼。

尼采的一位朋友在提到莎乐美时说："她是真正的天才，而且深具英雄性格……她的那些突发奇想证明，无论在道德上还是在智慧上，她的勇敢都飞越我们想象力的地平线，如前所述：一个天才，在精神上和气质上。"在19世纪的男权社会里，得到如此高评价的女性实在是凤毛麟角。

即使如此，尼采对莎乐美也没在意。几天后他去巴勒莫看望正在编排歌剧《巴尔其伐尔》的瓦格纳，但此时他与瓦格纳的"敌对状态"已经公开化了。瓦格纳没有见他，这令他很失望，但还有一个比尼采更失望的人，那就是莎乐美。莎乐美在朋友雷波那里已读过尼采的著作，非常喜欢，雷波也向她介绍过尼采的事情。莎乐美很想见一见这位才华横溢的大学教授。可尼采迟迟未到，这令她非常失望。雷波在给尼采的信中说："她如此渴望见到您，与您交谈，甚至想在返程途中特意路过热那亚。您如此自得其乐，让她倍感愤怒。她是一个充满活力、聪慧过人、浑身都是女人味儿的率真姑娘……罗马的气候对您很不宜，不过这个俄罗斯姑娘倒颇值得一见。"

4月，两人在梵蒂冈圣彼得大教堂会面，后来莎乐美在回忆录中说："我们第一次相见就俨乎其然，地点居然是圣彼得大教堂。雷波坐在一张阳光照耀的忏悔椅上热情虔诚地做笔记。尼采经旁人指点才看到我。他对我的第一句问候是：'咱们是从哪个星球上偶然共同降落到地球的？'"她对尼采仔细地观察了一番："尼采一出现，就总让人感受到他身上隐藏着一种孤独感，这种隐隐约约的感觉是他给人留下的最初的强烈印象。随便看他一眼，是不会看出他有什么特别之处的。他中等身材，衣着极其朴素，但也极其整洁，步伐稳重，褐色的头发平整地梳向脑后，是个很容易被人忽视的人……他笑得不响，说话声音不大，走路小心翼翼，总在沉思，双肩有些内陷。很难想象这个人会置身在人群之中，因为他的特征是形单影只，身在灯火阑珊处。尼采那双手长得无可比拟的优美与高贵，引得别人不由自主地要凝神……他那双眼睛也在流露出真情。他的眼睛已经半盲，却不像许多近视的人那样伸着头看东西，眯着眼睛，凑得离人很近，让人不舒服。他的双眼看上去更像他那财富、他那沉默无言的秘密看守者、守护神……他的视力不佳，使得他的特征格外神奇，即眼神没有流露出对外界有各种不同的、外表上的印象，而只映射出他的内心。这眼神既瞥向内心，同时又瞥向远方，或者换句话说，像瞥向远方一样瞥向内心。当他关注某个令他感兴趣的话题时，他激动地双眼熠熠发光；当他情绪低落时，目光中便流露出阴郁的孤独感，而且仿佛是从无尽深沉之处咄咄逼人地流露出这种感情。尼采的举止同样给人留下隐秘、沉默的印象。在日常生活当中，他极其礼貌，柔和得像妇人，一向沉着而友好。他喜欢正派地同人打交道……但喜欢掩饰……我还记得，当我第一次同尼采谈话时，他那刻意的客套令我惊讶与疑惑。但这个孤独的人不会令人疑惑多久，因为他戴着那副面具很别扭，就如同一个来自荒野与山间的人穿上了平常人的外套。"

令尼采更意外的是，他没有想到众人称赞的莎乐美之美竟然如此之美，看到莎乐美，尼采就把"结婚完全是另外一回事"完全忘记了，好像不是自己说的一样，当天即向莎乐美求婚。这个愚蠢的哲学家犯下情场大忌：他竟然通过雷波向莎乐美求婚！出于朋友的托付，雷波不好推辞，但这已是他第二次对莎乐美求婚了。在尼采见到莎乐美之前，雷波已经喜欢上了这位美女，并向她求婚，但失败了。此后，他与莎乐美约定做好朋友，而实际上是在寻找机会。这第二次求婚，只不过不是为他自己，而是为尼采。雷波当然不想莎乐美应允尼采，像雷波期望的一样，莎乐美拒绝了尼采。尼采并不沮丧。这个超级狂人坚信没有人能夺走上天指定给他的女人。

有一天，他们三个人约好登山，结果莎乐美的妈妈身体不舒服，尼采便自告奋勇去陪莎乐美。雷波作为莎乐美最信得过的人，被她请求留在家里照顾老妈。就这样尼采"卑鄙"地赢得了与莎乐美独处的机会。这是尼采第一次单独与莎乐美远足，他们在山上待了整整一天！一直到太阳落山，才趁着暮色姗姗归来。

这次登山是尼采和莎乐美之间唯一不为人知的秘密。暮年的莎乐美在回忆时说："我已记不清是否在蒙特萨克罗山吻过尼采。"而尼采日记说:"蒙特萨克罗,我感谢你让我拥有人生最美妙的梦想。"当时尼采感觉自己是世界上最幸福的人,为此他专门写了一首诗歌——《我多么幸福》:

我又见了圣马可的白鸽:

静悄悄的广场上,光阴在昼眠。

我在宜人的绿荫凉里,悠闲地把一支支歌

像鸽群一样放上蓝天——

又把它们召回,

往羽上挂一个韵儿

——我多么幸福!我多么幸福!

你宁静的天穹,闪着蓝色的光华,

像丝绸罩在五颜六色的房屋上空飘动,

我对你(我说什么?)又爱、又妒、

又怕……

但愿我真的迷醉于你的心魂!

可要把它归还?——

不,你的眼睛是神奇的草地,供我安息!

——我多么幸福!我多么幸福!

庄严的钟楼,你带着怎样狮子般的渴望,

胜利地冲向天空，经历了何等艰辛！

你的深沉钟声在广场上回荡——

用法语说，你可是广场的"重音"？

我像你一样流连忘返，

我知道是处于怎样丝绸般柔软的强制……

——我多么幸福！我多么幸福！

稍等，稍等，音乐！先让绿荫变浓，

让它伸展褐色温暖的夜晚！

白天奏鸣是太早了，

黄金的饰物尚未在玫瑰的华美中闪烁，

我又勾留了许多日子，

为了吟诗、漫游和悄悄独语

——我多么幸福！我多么幸福！

尼采的干妈梅森葆在一次上流社会的聚会中把莎乐美介绍给了瓦格纳夫妇。这个绝色才女的盛装出场让整个德国文化界为之震惊。她对众多德国文化界人物的疯狂追求茫然若失，遂主动向众人展示了她与尼采、雷波一起在洛桑照的三人照，也因此，她被普遍认为是"尼采的女友"。同时，她真正深厚的学术素养也让广大男士们刮目相看，一夜之间她赢得德国文化界的交口称赞。但令她没有想到的是，因此她为自己树立了一个敌人，那就是尼采的妹妹伊丽莎白。

36岁的伊丽莎白此时也是德国文化界有名的女文人。妹妹伊丽莎白与期望尼采放弃哲学的母亲大不相同，她鼎力扶持哥哥的哲学事业，并誓死"捍卫"其哲学的独家诠释权。这也是她得以在德国文化界确立自己地位的撒手锏。莎乐美以"尼采的女友"之名一夜成名，这让妹妹伊丽莎白感觉到哥哥的名誉蒙尘，而自己的撒手锏好像即将被别人夺走。伊丽莎白对莎乐美的嫉妒和恨由此而生。

告白没有成功的尼采，想到了曾竭力为自己征婚的帮手——妹妹伊丽莎白，想利用"兄妹同盟"来赢得莎乐美，可这次尼采的如意算盘打错了，伊丽莎白的出现不但没能帮助他征服莎乐美，反而使得情况更糟。

伊丽莎白曾与莎乐美进行过一次谈话，她指责莎乐美败坏了哥哥的名声。莎乐美当时的反应是，她大喊："是谁首先用最下流的淫亵玷污了共同生活的计划？是谁提议做精神的朋友，当他无法以另外的方式占有我？谁先想到'狂野婚姻'？是你哥！……是你那个高贵纯洁的哥首先下流地想到'狂野婚姻'！""甭认为我想跟你哥怎么样，或者甚至爱上他了！"

伊丽莎白向哥哥告了莎乐美的状，随后，尼采与莎乐美进行了一场不愉快的谈话。最后，尼采选择放弃"兄妹同盟"，伊丽莎白被哥哥遣送回家。回家后，她向母亲愤愤不平地控诉莎乐美勾引哥哥的一系列罪行。

尼采与莎乐美的关系并没有受到伊丽莎白的影响。在给雷波的信中，莎乐美描述了她与尼采共处的美妙时光："……今天我们单独在寂静幽暗的松树林里度过了无比美妙的一天，阳光斑斓、小松鼠四处出没……跟尼采聊天妙不可言——这个你比我清楚。不过，找到思想相同、感受相若、意念相通的人，总是魅力难挡。一切尽在不言中。有次他十分冷静地说'我觉得我们唯一的差别是年纪。我们的生活和思想体验毫无区别可言'……我们简直心有灵犀一点通……我们相处的日子阳光永远灿烂。我们终日大笑不绝……忧伤（原来它让我如此痛苦）从他脸上消失，而这让我满心欢喜。他的眼睛也恢复了往日的明亮和电光。""我们的感觉和思想毫无二致，我们总是抢先说出对方的心里话。我们这三周几乎聊天尽兴，可他现在突然经得住每天聊天十小时。在这些秉烛畅谈的夜晚，我用红围巾把灯像伤兵一样裹起来，以便减轻他眼睛的负担。在一灯如豆的房间，我们没完没了地谈论着今后的合作。当明确的具体工作摆在我面前时，我心欢乐无极限。"

然而，无论尼采如何求婚，以何种方式求婚，莎乐美都一律拒绝。她欣赏尼采的文采和思想，但她又放不下雷波的细心的照顾。她曾称她与尼采是"天造一双",而与雷波是"地设一对"。雷波迎合了她感性的需要,而尼采是她理性的追求。

8月下旬,莎乐美离开了尼采,离开了陶腾堡投奔施邸伯。尼采生命的华彩乐章也就此落幕。这时,距他第一次在圣彼得大教堂见到莎乐美还不到七个月。

在妹妹伊丽莎白的挑唆下,母亲在给尼采的书信中骂他是不孝之子,是"父亲的耻辱!"——这在当时的欧洲是相当严重的诅咒,更何况五岁丧父、无条件钦佩父亲的尼采。失恋的尼采悲愤至极,他痛吼"简言之,瑙姆堡的道德是反对我的,我们真的决裂了"!

他的朋友在书信中这样描述当时的尼采:"过去的夏秋显然是他生命中最可怕的时光……其后果是完全彻底的孤独……经过这个夏天,孤独对他来说无异于最可怕的毒药……与那个俄罗斯姑娘分手完全击倒了尼采——单从事实来看,对他来说还得算是运气好——可现在他又跟全家闹翻了,这让他充满黑点的未来变得一片漆黑……他是如此彻底地被幸福和人类所抛弃,我们对此实在无法想象。"

就这样,尼采轰轰烈烈的恋爱生涯到此结束了,剩下的就是拿着"鞭子"的吼叫。

第 5 章

不合时宜的沉思

随着《悲剧的诞生》的出版发行，尼采又开始了他怀疑与批判性的研究。起初他准备撰写《古希腊悲剧哲学家》，但他的身体状况不断恶化，使他对生命有了进一步的思考，言谈之中透露出对生命的急切渴望。渴望自己的著作能得到外界的支持，渴望自己的思想能被大众所理解与接受，这一切都使得他对外界的批评和指责变得非常敏感。没过多久，他的研究方向开始转变，由对历史的批判性研究转向对现实的批判性研究，由研究古希腊文化转向了批判德国现实和文化。此时的他，也从一个古典语言学家和古代文化的研究者转变为一个对德国文化进行全面批判的专家。

尼采对德国现实和文化一直都十分关注。中学时期，他就曾对德国现实和文化表现过不满，在《悲剧的诞生》一书中，他称德国文化为"堕落的文化"，让他"感到深深的绝望"，"以至于唯一的希望就是极端的愤怒"，希望德国文化能从古希腊文化中汲取教训。尽管尼采对德国现实和文化进行了言语犀利的抨击和批判，但他仍然挚爱着德意志精神，时刻为建设优秀统一的德意志文化努力着。

1873 年，他开始撰写《不合时宜的沉思》。该书由四部发表于不同时期的单行本合订而成，书名"不合时宜"，大有不合官方意志、不合大众潮流、不合庸俗文化的意味。这反映出尼采对德国现实大无畏的批判精神和其思想的超前性。

市侩文化的批判

《不合时宜的沉思》中的第一部著作是《忏悔者和作家大卫·施特劳斯》，它的主要内容是对德国当时存在的一种"市侩文化"进行严厉批判，也是尼采第一次对德国文化亮剑。

当时正值德国取得了普法战争的胜利，大多数人因这次胜利变得狂热，在他们心中，普法战争的胜利不仅是一场战争的胜利，而且是德国文化对法国文化的一次胜利。再加上德国官方想通过宣传"扩大胜利成果"，对反对意见一概不予理会。一时间，"德国第一""德国文化优秀论"在全国蔓延开来。

尼采洞察到了这背后的荒谬，为了捍卫德意志精神，他不再沉默，发出了"不合时宜"的声音：

> 一次巨大的胜利是一个巨大的危险。人的本性忍受这种胜利比忍受失败更为困难。最近同法国进行的战争所带来的一切恶果中，最坏的恶果也许是一个广泛散布的一般性错误：官方舆论和一切官方舆论者的错误，说是德国文化在这场战斗中也取得了胜利，因此现在必须戴上与如此非常的事件和成就相适应的花环。这种错误是非常有害的，并非它是一种错觉——因为有些错误是最有益的和最富有成果的——而是因为它能把我们的胜利转变为一种完全的失败，即为了"德意志帝国"的利益彻底毁灭德国精神。

尼采认为，德国在战场上的胜利靠的是德意志民族的勇敢和耐力，而与德国的文化没有一丁点儿的关系，相反，德国文化不利于德国在战场上取得胜利，因为"文化首先表现为人们日常生活中拥有统一的文化风格"。它应该是活的而不应该是死的，应该是整体的而不应该是支离破碎的，应该是人生的内在精神而不应该是知识的大杂烩。现在的德国王国林立，教派分裂，各地区、各民族之间在政治、经济、语言、风俗等方面存在着很大的差异，所以德国文化并没有发展成熟，何谈胜利呢？相反，应该是面临危机。

然而，当时的众多文人也跟着大众狂热起来，盲目地欢呼德国的胜利，并把这种胜利归结到"文化"上来，以显出他们在胜利中的作用。尼采对这些进行了严厉的批评，并指责这种浅薄的乐观主义为"文化市侩主义"。

为更好地批判"市侩文化"，尼采为自己树立了一个敌人——大卫·施特劳斯。大卫·弗里德里希·施特劳斯（1808—1874）是一位新教牧师，青年黑格尔派的主要成员，在黑格尔的影响下，27岁时撰写了《耶稣传》。"他使用历史批判的方法，通过对四部福音书的历史批判和比较分析，从历史事实上证明围绕耶稣的一切超自然神迹都不过是人为编造的神话故事，而不是真实发生过的历史事件。"施特劳斯还对耶稣的生平进行了考证，目的是使人们清楚："即使是最杰出的人物也仍然不过是人，因而初期基督教记载的超自然色彩必然是外加的、不真实的。"通过他的分析，证明了耶稣的传奇事迹都是神话，都是编著者编造的谎言，从而也就否定了《圣经》福音书的价值。因此，前期的大卫·弗里德里希·施特劳斯欲把人类的精神从基督教荒谬的教条中解放出来，具有极强的革命性。

后来，施特劳斯在《为德国人民修订的耶稣传》一书里放弃了自己的观点，又回到了神学上面。1872年，他的《旧信仰与新信仰》一书出版。这本书与之前的《耶稣传》完全是南辕北辙，书中弥漫着陈旧的宗教气息，充满了对科学和理性的崇拜和迷信，对德国的现在和未来盲目乐观，一味地迎合官方和大众的口味，简直就是一个实实在在的"文化市侩"。于是，尼采借批判施特劳斯批判了当时的"文化市侩主义"。在尼采看来，德国人不应该欢呼自己的胜利，而应感觉到真正的危机——文化缺失的危机。此时的法国文化已经历了几千年的历程，而德国文化则是在一百多年前刚从法国文化中独立出来。德国文化如何能战胜法国文化？歌德曾说："虽然我们奋力开掘我们自己，然而，大概还需要几个世纪的时间，我们的人民才能吸收到足够的知识和比较高级的文化。"一种文化要成为优秀的文化，它必须经历漫长岁月的考验。因此，德国文人现在要做的不是如何夸耀自己的文化，而是勇于承认自己文化的落后性，积极地发展自己的文化。

以施特劳斯为代表的文化市侩们并没有意识到这一点，盲目地迎合官方和大众的口味，而且还推波助澜，这让尼采很生气。于是，尼采写了题为《忏悔者和作家大卫·施特劳斯》的小册子。回忆中，尼采提道："麻烦不在于我讥嘲一位杰出的批评家晚年的粗制滥造，而是由于我公然损害了德国人的情趣，使它显得索然无味……我的小册子使德国文化遭受到第一次屠戮（人们以为，正是这种"文化"使我们战胜了法国），而我当时创造的词汇'文化市侩主义'也已经被保留在语言中，成了这场瘟疫般的思想骚乱的残存者。"尼采的小册子一出版就遭遇猛烈的"炮击"，有一家报纸公开指责尼采，称他是德国进步和文明的主要敌人。不久，大卫·施特劳斯去世，尼采感到非常伤心，感觉自己杀死了这位老人。实际上，尼采并非刻意攻击施特劳斯，"我从不攻击个人，——我利用个人当作一个放大镜，用这放大镜想出一个普遍的、但潜伏的、难于捉摸的危机。所以，我攻击大卫·施特劳斯，事实上是攻击一本老弱的书在德国教育上产生的影响。"但无论如何，施特劳斯此刻的去世，让尼采感到无比的内疚和自责。

历史的解药

回到巴塞尔后，尼采在朋友格道斯夫的帮助下，开始撰写《不合时宜的沉思》中的第二部专著《历史对人生的利弊》。在这期间，尼采把自己变成了一位隐士，他委婉地拒绝了所有不利于写作的社交活动，一心撰写著作，一直到1874年2月出版。在著作中，尼采对历史的价值标准问题进行了独到深入的探讨。

在这部专著的前言中，尼采引用了歌德的话："凡是只教训我，而不丰富或直接激励我的行动的事物，这一切我都憎恨。"他认为，我们了解历史"是为了更好地生活和行动，不是为了舒适地离开生活与行为，或者甚至用于美化自私的生活和懦弱而恶劣的行为。只是在历史服务人生的范围内，我们愿意服务于它"。历史与生命具有紧密的关系，如果历史脱离了"人"这一根基就失去了它的价值和意义，也就蜕变成为某些专家的琐碎考证。

当时的德国甚至是整个欧洲都在法兰克福学派思想的"笼罩"下，他们认为"历史就是宗教"，人应该按照神的意志来书写自己的历史，主张"如实叙史"，"有一份史料说一份话"。后来，他们拓展了历史的角色，称历史是"现实政治的奴仆"，应为普鲁士政治服务。对此，尼采非常愤怒，他认为生命的历史应始于"个人具有创造性的自我解放欲望之际"，但现在的历史已经背离了它原始的意义，成为生命发展的障碍，而且过量的历史知识使得"已被解放了的生命生病，它必须得到医治。它由于患许多疾病而身体衰弱，不仅仅由于它的记忆桎梏而感到痛苦，在这里首先同我们有关的是，它患有历史的病症。过量的历史损害了生命的可塑力；它不再懂得把过去当作一种营养丰富的事物加以利用"。

尼采对历史的思考以人为基本出发点，人与动物不同，动物受本能的支配"无历史"地活着，"人却支撑着过去事物的庞大的而且越来越大的负担：这负担把他压倒，或是把他压歪"，历史使人"生活在否定自己、销蚀自己、自相矛盾里"。历史赋予了生命如此否定的意义，历史的价值何在呢？

尼采根据作用的对象不同，将历史区分为三种类型。

第一种是纪念式历史，它属于刻苦工作、努力进取的强者。当他为自己的目标奋斗时，需要榜样的激励和精神的慰藉。现实中的人已经被现代文明驯化成了平庸之辈，所以他只能从历史中去寻找那些叱咤风云的英雄和伟人，因为在他看来，英雄和伟人才是人类历史真正的创造者。当他遇到困难时，就会想到这些英雄和伟人。但这种纪念式的历史也会产生消极的后果，面对英雄和伟人的巨大成就，使得他感觉望尘莫及，即使付出再大的努力也不可能赶上和超越英雄和伟人的成就。于是，"以死者打击乃至埋葬生者"，生者也就丧失了积极的创造性，成了一位历史的崇拜者。

第二种是怀古式历史，它属于文化传统的保守者和敬重者。"虔诚的怀古精神最伟大的价值在于一种愉快和满足的朴素情感，这种感情加进了一个民族或是个人乏味、粗糙甚至痛苦的生活环境。"他们往往对历史表现得很敬重，像古董爱好者一样，总是小心翼翼地守护着前人留下来的"稀世珍宝"，对历史充满了纪念之情。他们通过各种努力，试图寻找到过去的几乎销声匿迹的历史细节，整天沉溺在历史的文本与文字中不能自拔，并希望按照过去的生活方式生活，但"它只懂得保存生活，却不懂得创造人生，因此总是低估生成着的东西"，不利于突破固定的思维方式，不利于进行积极的思考和开拓性的创新。

第三种是批判式历史，它属于要求解放的受苦者和不满者。保守派倾向于稳定现有的秩序，将现有的秩序凌驾于一切事物之上，主张人们按照现有的秩序有规律地生活，一切对现有秩序的反思、批判和变革则被他们称为有着不可告人目的的行动。在这种思想下，人们只能承受发生在他们身上的一切，按部就班地生活，直到死去，没有思考，没有思想，更没有新事物的产生，一切都是过去，也都是现在，周而复始，单调之极。因此，要求解放的受苦者和不满者"为了生活，人们必须要有力量去打破过去，同时运用过去"加以批判。但这种批判若推向极致，否定了过去的一切文化传统，就容易使人成为一个在文化传统上无家可归的漂泊者。

"以毁灭过去这种方式来为生活服务的人或者时代，永远都是危险的和遭到危险的人和时代。因为既然我们是过去时代的结果，我们也就是他们的迷乱、情欲和错误乃至罪行的结果。完全摆脱这个链条，是不可能的事情。"因此，这是一个"度"的问题，"失眠、历史的意识，都有一个度数，一到这个度数，凡生者就要走向损害之途，最后归诸沦亡，不管这生者是一个人，或是一个民族，或是一个文化"。

尼采探讨了三种类型的历史对人生的利弊，认为人需要历史，人也必须活在历史之中。然而过量的历史知识对人又是危险的，如一个人不加选择地摄入食物，过量的相融不相融的食物就会充斥人的肠胃，最后导致食物中毒，那么这种历史就变成了一种"毒药"，必须及时清除。但这种"毒药"的解药是什么呢？

历史的解毒药就是非历史和超历史。即这种历史性的问题，不能以历史主义的态度来处理，须站在非历史的或超历史的立场去思考。

"非历史"即为"表示艺术与力量，就是能够忘记，而且把自己封闭在一个有限制的世界里"。若历史是人们对过去的记忆，那么非历史就是要清除这些记忆，减轻人们头脑中的历史"痼疾"。因此，忘记也是一种生命力，只有忘记对过去的记忆，才能有魄力和勇气打破世俗的约束，追求新的生活。当然这种忘记是适当的、选择性的，这种选择的标准和方法，尼采并没有明确地给出，但有一个基本原则，那就是一切危及人的生命生存和发展的东西都应当被舍弃，而人的生命力就取决于对历史的忘记程度。

"超历史"是使我们的"眼光离开演变，转向那把永恒与意义相同的性格赋予存在者，转向艺术与宗教"。尼采所谓的"超历史"就是指超越一维的不可逆转的个人历史记忆，世界在每一个单独的瞬间都完结了，只有抓住现在、创造属于自我的瞬间才是紧要的，所以要"超出不可逆转地已成定局的原汁原味的民族性，通过一种比较性文化来考察全新的生活"。"我们回顾往昔，享受着一切文化……从一切时代中汲取珍贵的给养……而以往的时代只能享有自身，视野超不出自身之外。"他说，未来并不一定就比现在好，特别是对于充满活力的生命来说，他们的未来只能是衰落。相信历史的人寄希望于未来，他们坚信"天将降大任于斯人也，必先苦其心志"，超越历史的人从不相信未来，他们崇尚现有的当下。

然而，当时的德国历史教学却把历史看作死去的知识碎片灌输给人们，使现代的人们变成了"走动的百科全书"。人们由感受历史变成了理解过多的历史知识和死记硬背，这给人们生活带来了沉重的负担，严重阻碍了人类的生存和发展。因此，尼采认为现代的历史教育对受教育者产生了五大危害。

第一，"强调了内与外的对照，而削弱了个性"。人们在学习历史知识时汲取有利于人生存和发展的给养，但也产生了一些负面的作用。因为历史中的人物，特别是伟人，他们都是被抽象化、艺术化和神圣化了的，若是沉溺于崇拜历史伟人，而不考虑具体的客观环境，就会削弱人的个性，于是尼采大声疾呼"脱去你们的外套，还你本来面目吧"！第二，它使得这个时代的人们"开始幻想它比其他任何时代都拥有更多更珍贵的美德和公正"。而现代人"是否因历史'客观性'而有权称自己比其他时代的人更强大与更公正呢？这种客观性是否真的可源自一个更高意义上的对正义的需要之中？或者，作为的确是其他原因导致的一个结果，它是否只是表面上看起来是源自正义，而实际上却导向一个偏向现代人的不健康的偏见呢"？第三，一个民族的本能，因此扼制毁坏，不能成熟发达。历史学容易使人产生一种历史模式，并用这种模式衡量现实，这就使我们对人与事的评价失去客观性和公正性，进而摧毁人的本能。第四，我们相信，我们是人类的老年时期，我们不过是前人的后人。如果人过早过多地学习历史，就容易使人的心灵早熟，影响了人的心理的正常发挥。第五，我们养成一种旁观的态度，因此消灭我们活泼的力量。当人把自己与漫长的历史联系起来时，容易使人产生一种衰落的感觉。

在尼采看来，之所以产生这样的困境，是因为国家控制着舆论，而且"战争还没有结束，它已经千万份地变为印刷的报纸，已经被当作最新的兴奋剂放在追求历史的贪欲者疲惫的嘴边"。为了应对这些繁杂的信息，人们只能选择"轻易地接受它"，之后"迅速地除去，抛开。从此产生一个习惯，再也不严肃地看待真实的事物，从此产生'软弱的人格'，据此实际的事物、实存的事物只能给人一个微小的印象"。历史本应是鼓励人们诚信，而现在却成了"不自然的、人工的、无论如何是没有价值的"东西。

对此，尼采认为德国"没有教育，甚而言之，我们是腐败了，不能有生活，不能有正确而简单的视和听，不能有对于最接近于自然的事物的恰当理解，并且直到现在我们还从没有过文化基础"。但尼采面对迂腐的德国历史教育并没有灰心，而是把德国文化勃兴寄希望于德国青年一代。他说："我信赖青年，他们真正领导了我，如果他们现在迫使我抗议现代人的历史的青年教育，并且如果抗议者要求，人最重要是学习生活，而且只是在为学到的生活服务中应用历史。"德国文化正处于荒芜时期，能承担起创造德国新文化的只能是德国的青年一代。尼采呼吁："破除对于那个教育措施的必要的信仰"，把德国未来的希望寄托于青年一代。

作为教育家的叔本华

《作为教育家的叔本华》作为第三部分出现在《不合时宜的沉思》一书中，从全书的结构来看，它与前两篇之间有着必然的逻辑关联。在《忏悔者和作家大卫·施特劳斯》中，尼采批判德国社会普遍流行的文化是由"文化市侩"们制造的，是一种正在衰落的伪文化。而在《历史对人生的利弊》中尼采又指出了德国历史教育的迂腐，不可能塑造出伟大的英雄人物，而把希望寄托于青年一代。那么，德国的历史教育到底该怎么样？谁又是德国教育的教育家典范呢？这个历史重任被尼采安到了他早年导师叔本华的身上。于是，他开始撰写《作为教育家的叔本华》一书，历时六个月，于1874年9月完成。

此时的尼采虽然已失去了对叔本华的狂热，并逐步把自己和他的思想分离开来，但仍然是叔本华的崇拜者和信徒。他崇拜叔本华，是因为他具有突出的"诚实、快活、坚韧"的个性，喜欢"独来独往，彻底独立于国家和社会"，而且"有一种不屈不挠的力量，正是这种力量，支撑起了他们的自信心，使他们得以在整个文化界充满敌意和喧嚣的叫喊声中岿然不动"。尼采认为德国没有一所大学具有这样的教育家，学校教育方式和教育内容与现实不相适应。不过，德国有一位值得全德国人自豪的教育家，那就是叔本华。他具有高尚的品质，能够充分考虑到每个学生的特点，激发他们的全部潜力和能量，他应该成为德国年轻一代生活的榜样！

尼采认为："教育就是解放，就是清除杂草、瓦砾以及那些企图啮噬植物嫩芽的害虫，就是释放光和热。"教育的基本准则，一是要发现学生的个性和天赋，并加以重点培养；二是注意保护学生其他方面的潜能，使其能够得到和谐发展。教育的首要任务则是把"整个的人改造成一个生生不息的太阳和行星系统，并且识别其高级构造原理"。传统教育把人已变成了工作的机器，使人失去了生活的乐趣和创造的欲望，不可能承担起他理想教育的重任。那么，谁又能委以重任呢？尼采想到了他崇拜的导师叔本华，称他是自己"苦苦寻觅的教育家和哲学家"。

在尼采的笔下，叔本华宛然成了一个能耐得住孤独，渴望真理，敢于突破世俗约束的伟人，变成了"我们的引路人，他把我们从弥漫着怀疑的烦恼或者绝望批判的地洞中引向悲剧关照的高峰，终于使我们头顶呈现群星闪烁的广袤夜空，而他自己则首先走出了这条道路。他的伟大在于他直面作为整体的生活，然后又将生命作为整体加以阐述"。尼采理想化的叔本华非常地伟大，可如何让普通大众接受叔本华，接受他的教导呢？

环顾四周，不仅普通的德国民众正与统治者们一起沉溺在战争胜利的狂欢之中，就连德国的文化界也都在迎合这种情绪。他们寄希望于用一些较大的政治事件来改变德国当下的一切，当然包括德国的文化。人们用政治取代哲学，用报纸、新闻取代智慧，寄希望通过一个国家的建立来解决人的幸福问题。但尼采却质疑："一场政治革新，怎么可能一劳永逸地把人们变成安居乐业的地区居民呢？"战争的胜利使德国走向了统一和强大，但它却没能从根本上改善德国的文化，反而使得它走向了衰落。有文化者成了文化的敌人，人们用暴力追求自己的名利，统治者则坐在高高的殿堂之上接受人们的叩拜。德国战争的胜利并没有换来新秩序的建立，相反它把人们带到了危险的边缘。面对此境，尼采向世人问道："谁来树立人的形象呢？"

曲高和寡，这个问题必然是自问自答。尼采为人们设计了三种人的模式，即卢梭式的、歌德式的和叔本华式的。"第一位的火势最猛，取得了最广泛的影响。第二个只适合于少数人，也就是那些高级闲人，为大众所误解的人。第三个要求最活跃的人来观赏，只有这种人才能观赏又不受损害，因为这一形象使闲人疲惫，大众恐惧。"卢梭式的人是底层人的形象，他们相信人性本善，相信平等，渴望自由与解放，对社会的"不合理"充满怨恨和仇恨。尼采对这部分人不屑一顾，因为在尼采那里，历史是由英雄和伟人书写的，与底层的人毫无关联。歌德式的人则安逸和保守，整天沉溺在知识的海洋里，"与世隔绝"，坚持学习知识从不懈怠。但他们丧失了和现实的联系，同样为尼采所不齿，被称为"有教养的文化市侩"。叔本华式的人才是尼采心目中理想模式的人，他正视人生的痛苦，而正是这种痛苦帮助他"扼杀他的自我意志，为全然地推翻和颠倒他的本质做准备，而生命的真正意义就是促成此事"。他从如何理解人生的痛苦出发来思考人生的意义和生命的最高准则，尼采称之为"英雄般的履历"，而叔本华式的人则"是事物之尺度、价值和分量的立法者"，只有这样的哲学家才是真正的哲学家和教育家。

由上文可知，这篇文章并不是尼采对叔本华教育思想的阐述，更多的是对他自己思想的一种表达。尼采曾公开承认这本书"根本不是'教育家叔本华'，而是'教育家尼采'"，写的"就是我自己"，"它根本不是在叙述叔本华本人的情况；同样地，叔本华的思想可能也丝毫没有妨碍我展开自己的理论。事实上，这本书包括我迄今为止始终为之生活的全部计划；它是一个庄严的许诺"。也就是说，尼采借叔本华之口道出自己的思想，更贴切地说，叔本华只是一个模特，是尼采按照自己的思想设计的模特，其目的就是用于展现自己思想的独特个性。

理查德·瓦格纳在拜洛特

原本在写完《作为教育家的叔本华》之后，尼采打算写一部关于古希腊文化和教育的著作，命名为《我们的语言学家》。这符合《不合时宜的沉思》的逻辑，他为德国民众找到了一位伟大的教师，那么德国文化应该发展成什么样子呢？尼采预想借古希腊的文化和教育向人们展现德国文化的美好未来。后来他对这个论题失去了兴趣，转而开始评价瓦格纳，写了《理查德·瓦格纳在拜洛特》一书，作为《不合时宜的沉思》的第四部分。此时，瓦格纳为了他的音乐事业举家搬迁到拜洛特，尼采与瓦格纳一家的关系也渐渐变得疏远。特别是瓦格纳开始创作《尼伯龙根的指环》令尼采很是失望，对瓦格纳的崇拜已不像以前那样狂热，而是开始冷静分析，甚至言语之中流露出对这位"基督教艺术家"的批判。但在这部著作中，尼采并没有流露出对瓦格纳的不满和批评，而是对他的人格魅力和音乐事业大加赞扬，称他是德国独一无二的艺术家。和教育家叔本华一样，尼采在这里也是借用瓦格纳的名字来向人们诉说他对"未来的幻想"。

尼采从三个方面入手对瓦格纳进行全面的分析，即常人的瓦格纳、音乐家的瓦格纳、诗人的瓦格纳。在尼采那里，作为常人的瓦格纳"具有伟大的情操，从事着伟大的事业，这是和他具有非凡的性格和智慧密切相关的。他有着自控的、激情四溢的崇高意志，具有强大的毁灭性力量；同时又有着挚爱的精神和宁静的信仰，善良而又忠诚。作为音乐家的瓦格纳有着特殊的智慧，他不仅是音乐家和戏剧家，而且也是哲学家、历史学家、美学家等等。他发现了音乐和生活之间的联系，用音乐为人们寻找了一条解脱痛苦人生的途径。作为诗人的瓦格纳，他在戏剧当中表现的不是思辨的观念，而是感性的事实、生活画面和情操"。这里的瓦格纳已不是现实中的瓦格纳，而是尼采理想中的人物，或者说是尼采的替身。

尼采用他的二元结构理论即酒神和日神理论来分析瓦格纳。他认为瓦格纳具有对立的双重性格，一种是狂暴的本能欲望，这种力量引诱他释放自己的恶欲，让他有恃无恐地作恶、施暴，甚至是走向自我毁灭；另一种则是"自由而纯洁的力量"，这种力量能帮助他"通向一条善和仁爱之路"。这两种矛盾性的力量在瓦格纳身上相互斗争，就连他自己也难以控制。为了鼓励瓦格纳，尼采建议他"达到真实，肯定生命"，用艺术把现实生活和生命统一起来。

经历战争之苦的德国民众渴望交流，渴望展示自己，更渴望通过交流释放自己的痛苦。但是他们的交流出了问题，往日言语中的丰富情感全然消失，没有任何感情色彩，只是单纯的理性信息。就在此时，瓦格纳发现了"音乐和人生之间，以及在音乐和喜剧之间"的联系，创立了"大戏剧"，把原来的"语言对语言的关系"转变为"完美的听觉世界对全部的视觉世界的关系"，为人们创造了消除烦恼与误解的灵丹妙药。但可惜的是，他的作品没有一部是给人阅读的。当时的人都处于催眠和麻醉的状态，已经习惯于跟着自己的感觉走，丧失了自我判断能力。他们曲解了瓦格纳的作品，而且"非要把全部的卑鄙、浅薄、愚昧、恶毒都发泄到这位艺术家的头上"。不仅如此，就连身在其中的瓦格纳也并无所知，所以尼采认为，瓦格纳"需要一个自由无畏的人，这人无须他的指点和支持，甚至反抗神界的秩序，凭自己的力量完成神无能为力的事业"。而这个人不是别人，正是尼采本人。

尼采在文章的最后说："瓦格纳对这个民族来说将是个什么人呢？对我们大家来说，他不可能是个人物，即不可能是洞察未来的人，尽管在他们看来他也许向着众人。他是过去的解释者和美化者。"

文章中虽充满对瓦格纳的歌颂与赞扬，但也映射出了尼采对瓦格纳的崇拜已经冷却了，而且在思想上还主动与他保持一定距离。尼采说瓦格纳的作品没有一部是给人阅读的，有意在批评他的戏剧语言的不足。尼采认为瓦格纳不是未来的洞察者，只是过去的描绘者，他属于过去，而不属于未来。

第 6 章

漂泊与思考

　　这里是大海。在这儿我们可以忘记城市。尽管城市的钟声仍然在祈祷的时刻敲响——那在白天黑夜之际显得如此悲哀、愚蠢而又甜美的钟声——再等一分钟万籁俱寂。那边辽阔的大海伸展着，苍白发光沉默无言。天空在那永远沉默的傍晚的辉煌中闪闪发光，变换着红的、黄的、绿的色彩。它也沉默无语。这在那些突入大海的悬崖峭壁——就像是想要找到最孤独的所在——它们也全部都沉默无语。

——尼采

告别巴塞尔

1878 年，35 岁的尼采身体状况急剧恶化，头痛、咳嗽不止，深夜经常因炸裂似的头痛而不能入眠。在给朋友的信中他说："我现在处在人生的第三十五个年头的末期，1500 年以来，人们都把这一时期称为'中年'，但丁在这一时期有他的幻想并且在他写的诗的头几句里谈到这一点，现在我在中年就这样'被死神包围'，以至于他每时每刻都可能把我抓住。由于我的生命处于这种状况，我不得不想到因为痉挛而突然死亡（虽然我百倍喜欢缓慢的、神志清醒的死，临死前还可以同朋友们谈话，尽管这种死更加痛苦）。"剧烈的病痛加剧了尼采对自己生命的担心。他开始审视自己，对自己的职业感到反感，时常思考自己需要什么，应该做什么。是该在大学里按部就班地搞研究，还是把自己智慧的火焰贡献出来，做一位自由的思想家？"他坚信"等待着我的必将是一种更为崇高的命运，这是我所认识到并且感觉到的。我可以利用语言学，但我不只是一个语言学家，我把自己给歪曲了"。尼采深感自己这十年的教学生涯浪费了多少时间，多么徒劳，竟然自愿以自己的全部生命做一个语言学家，以此为终生的事业……"有十年之久，我绝对没有得到精神的营养，没有得到有用的知识，无谓地为积满灰尘的学术破烂而丢掉了无数事物。盲目地、小心地耙搔古希腊文献，这便是我非做不可的事情！我太热了，被自己的思想灼烫着，常常因此而窒息。于是我不得不到户外去，离开一切尘封的屋子。"至此，尼采决定放弃学者们的研究室，回归到大自然，去探索整个人类生命的意义。

5月2日，尼采正式向巴塞尔大学提出辞职申请，几个星期后学校同意了他的申请，而且鉴于他对学校的贡献，决定以后每年给他三千瑞士法郎的退休金，以让他能够体面地生活。

在后来的著作《查拉图斯特拉如是说》中，尼采回忆当时的感受时说："这是真的，我离开了学者们的研究室，并且砰然关上了我后面的门。"从此，尼采离开了巴塞尔大学，结束了他的执教生涯。

离开了巴塞尔大学的尼采，中断了与外界的联系，偏爱一种简单自然的生活方式。他更加渴望这样的生活，因为除此之外没有什么可以解除他的痛苦，他需要"真正的工作"。于是，尼采踏上了长达十年的漫游与创作之旅。

艰辛的旅程

尼采离开巴塞尔去的第一站是瑞士的上恩加丁河谷，那是个非常美丽的地方，壮丽的山峰、辽阔的空间、迷人的湖泊，所有这一切都犹如世外桃源。在这样清新、优美的环境里，尼采的病情得到了一些缓解，开始了"真正的工作"——构思《人性的，太人性的》第二部分《漂泊者和他的影子》。只要身体条件允许，尼采的思考就从没有停止过。父亲去世的画面也经常浮现在尼采的脑海，他担心自己也像父亲一样瞬间快速地结束生命，来不及对世间产生点滴眷恋。"我受着死亡如此沉重的压迫，以至于在任何时刻死神都可能将我带走；我的生命已经到了我不得不预料自己在痉挛中迅速死去的地步。"但尼采并没有畏惧死亡，他向病魔和世人坦言："……我之所以觉得自己像一个非常衰老的人，更多的是因为我已经做了自己一生中应该做的工作。"就这样，在生命中最暗淡的这段日子里，尼采忍受着疾病的痛苦和死神的袭扰。

尽管如此，在9月份他完成了《漂泊者和他的影子》的撰写。

宁静的生活、清新的空气、优美的环境使尼采的身体状况得到了一定的好转，"看上去很精神，精力充沛，气色健康，已经恢复了他那刚毅率直的性格"。此时，尼采非常想念他的母亲，想念承载他童年记忆的瑙姆堡。9月20日，尼采跟随来看望自己的妹妹一起回到了瑙姆堡，在那里租了一座古塔和一块田地，他想通过劳动来使自己的身体得到恢复。随着冬天的来临，他单薄的身体依然没有抵挡住冬天的寒气，三周后又卧病在床。连续的呕吐和模糊的神志，让他感觉到死亡的逼近，体验到了："我生活情形的可怕和几乎从不间断的磨难使我渴望死亡，而且根据某些迹象，我现在离发热病已相当接近了，这种热病会使我得到真正的解脱……"他还为自己安排好了后事："只让我的朋友为我守灵，不要让任何泛泛之交或者出于好奇的人在场。到那时，我无法再保护自己了，所以你一定要这样做。不要让牧师或其他任何人对我的灵柩讲一些虚假伪善的话。务必要把我作为一个忠诚的从不撒谎的异教徒那样埋葬！"

然而，死神并没有光顾这位异教徒，1880 年年初，尼采的身体状况在家人的照顾下逐渐好转。他又开始了他的人生旅程，先后到了意大利威尼斯、南斯拉夫、瑞士等众多地方。在此期间，孤独、悲凉、愤怒、病痛时不时地光顾他，直到 1889 年，45 岁的尼采罹患精神崩溃，从此无论是肉体上还是精神上便再也没有康复。在这流浪的十年中，尼采在身体允许的每一个时刻都在思考，这换来了他丰硕的成果，而且他深信："人们将会理解我是这个时代最重要的哲学家，甚至可能不止于此，我也许就是负有重大使命的一座沟通两千年历史的桥梁。"

丰硕的著作

在这十年中,尼采游历了温暖而美丽的诸多自然美景,经历了爱情的欢愉和失恋的打击,同时也掀起了一浪高过一浪的创作热潮。十年间时断时续的思考,使他的思想逐步成熟,创造出了诸如"上帝之死""偶像的黄昏""重估一切价值""善与恶的超越""权力意志""超人"等一系列惊人的思想。纵观尼采的一生,其创作可分为三个阶段。

第一个阶段:从 1870 年至 1876 年。这一时期尼采崇尚叔本华哲学和瓦格纳音乐,蔑视 19 世纪欧洲弥漫的"学究气",痛恨德国精神的"贫困化",为缺乏"力""生命的充盈"和"天才"而深感惋惜。为此,尼采研究希腊悲剧和哲学,向西方理性主义传统发起了猛烈的攻击。上文提到的《悲剧的诞生》和《不合时宜的沉思》就是这一时期尼采的主要作品。

第二个阶段:从 1877 年至 1882 年。这一时期的尼采与其说是狂热主义者,倒不如说是怀疑论者、心理学家和启蒙意义上的分析学家。他在哲学上逐渐否定了叔本华的悲观主义,在人性和音乐方面则同瓦格纳决裂。尼采主张音乐应从宗教转化为具有真正意义的哲学学科。这一时期尼采的主要作品有《人性的，太人性的》《朝霞》和《快乐的科学》等。

《人性的，太人性的》（1876—1879）该书的第一部分最初于 1878 年出版，1879 年出版了增补的第二部分《见解与箴言杂录》，1880 年出版了第三部分《漂泊者和他的影子》。尼采将这三部分合编，于 1886 年以《人性的，太人性的》为名出版，该书的出版标志着尼采创作生涯"中期"的开端。

这本书是尼采为纪念伏尔泰逝世一百周年而写。该书反映出作者对早年崇拜的音乐家瓦格纳的失望情绪，也标志着尼采彻底抛弃了德国浪漫主义和瓦格纳的影响，开始显现出完全的实证主义的倾向。这一阶段尼采的写作很少提出一套建设性的哲学体系，其作品多是以数百条格言编汇而成，有时只有一句话，有时则长达一页或两页之多。《人性的，太人性的》全书分两卷。第一卷共九章，第二卷包含两个部分——《见解与箴言杂录》和《漂泊者和他的影子》。该书从各方面探讨了世界和人生的基本问题，指出了世界上不存在绝对价值，更没有超然的真理标准，进而对西方形而上学传统及其影响下的西方文化进行了全面批判。在书中，尼采肯定人性的积极一面，希望通过挖掘人的潜力，使人类变得更加优秀；另一方面对人性的弱点和缺点，尤其对西方文化传统下形成的诸多弱点和缺点，以实证主义和权力意志为解释手段，进行了尖刻的讽刺和挖苦。尼采寄希望于"自由精灵"——能超越传统思维方式和传统道德观念而自由思想的人。

《朝霞》(1880—1881，全名《朝霞：道德偏见之反思》)

在《朝霞》中，尼采不再强调乐观主义在人类行为上的影响力，而是转变为"对权力的感觉"。在该书的第四章，尼采第一次表述了"权力意志"的概念，后来成为尼采哲学的核心概念。在该书中，尼采充分表现出了对宗教（基督教）的反感和蔑视。他指出，由于教会禁令把怀疑宣布为一种罪恶，魔鬼变得比天使和圣人更使人感兴趣，事情往往是服从道德结果却并非如期预料。虽然善男信女未得到预期的幸运，反而是与希望相反的不幸与灾难，但这个时候，他们依旧深信不疑，明确地告诉自己，现在只剩下一条虔诚和恐惧之路："只因为在执行过程中有什么东西被忽视了。"更有甚者，我们原本不可能真正守律令，彻头彻尾都是虚弱的有罪的，灵魂深处是道德无能，因而不能要求成功和好运，本不具有合理性，也并不太符合逻辑，而想尽一切理由欺骗自己，说服别人。尼采在这本书里写下的格言都相当清楚和冷静，不但没有消极的攻击性的怨恨语言，而且还带有一致的风格。尼采的这本书似乎不是试图说服读者接受任何观点，而是要呈现给读者一种独特的体验。

《快乐的科学》（1881—1882）该书是尼采中期作品里最庞大最完整的一本书，在形式上继续沿用了格言的风格，包含诗词数量远远多于尼采其他的作品。这本书的主题是颂扬生命的快乐，书中尼采将美学的快乐以一种轻松的哲学方式融入生命之中，并首次提出了"永恒回归理论"。尼采纯粹以个人的生命来考虑人应该做什么、怎么做，这与基督教传统主张——人可以牺牲当前的快乐换取来世的幸福大有不同。不过，《快乐的科学》这部著作，最为人所知的是书中的"上帝已死"振聋发聩的口号。尼采还对德国当时的社会学者进行了分类，分为秘书型、律师型、牧师型和犹太型等。尼采认为他们不进行创造思考，只图以各自的方式证明自己存在的合理性。

第三个阶段：从 1883 年到 1889 年。这是尼采思想的转型期，他抛弃了以往哲学家的影响，并克服了对真理追求的热情，开始独立地创造自己的哲学体系。他用"权力意志""同一事物的永恒回归"等大论题取代了先前启蒙主义式的怀疑论，继查拉图斯特拉的"伟大肯定"之后，开始了"重估一切价值"的壮举。用现代德国哲学家的话来说，就是开始了尼采的"伟大的形而上学"。这一时期他的作品有《查拉图斯特拉如是说》《善与恶的超越》《道德的谱系》《偶像的黄昏》《反基督》《瞧！这个人》和《权力意志》（*此书*

在尼采逝世后由其妹妹编辑出版）等等。

《查拉图斯特拉如是说》（1883—1885）这本写给所有人及不写给任何人的书，象征了尼采中期作品的终结和晚期作品的开端，此书成为尼采最知名也是最重要的一本著作。它使用了一种哲学小说风格的写作方式，及类似新约圣经和柏拉图对话录的风格，同时也相当类似于前苏格拉底哲学作品里的语调，经常以自然现象作为修辞和讲述故事。尼采也经常提及西方文学及哲学的各种传统，解释并讨论这些传统的问题。该书借助查拉图斯特拉四处进行哲学的演讲，描述他的旅程以及各种听众对于其哲学的反应。这些听众的反应就可视为是对于查拉图斯特拉哲学的评论。这些特色加上书中本身论点的模糊性和矛盾本质，最终使这本书获得了阅读大众的青睐，但也使得这本书相当难以被学界分析（或许这就是尼采原先的意图）。《查拉图斯特拉如是说》这本书也因此在哲学界一直不受学者的重视（尤其是英语国家的分析哲学传统），直到 20 世纪的后半期人们才对这本书的独特写作风格产生广泛兴趣。尼采在这本书中正式提出了永恒回归说，并且第一次使用了"超人"这个词，尼采在之后所有的作品里几乎都体现了超人的思想。

《善与恶的超越》（1885—1886）在尼采的晚期作品中，这部作品最接近于他的中期作品的风格。其中尼采定义了真正的哲学应该具备的条件，即想象力、自我主张、危险、创意以及价值的创造，而其他的都是附带的条件。尼采开始质疑传统哲学上的重要假设，例如许多哲学流派常使用的"自我意识""知识""真理"以及"自由意志"等等，认为这些传统概念是没有任何证据的。尼采开始用"权力意志"的思想来解释人类的行为，提出了"超越善与恶"的生命观点，否定存在一种普世的道德。尼采利用"主人道德与奴隶道德"的说法重新评价了人文主义传统，主张即使是对于弱者施加支配、占有或伤害，也并不是每个人都可以做到。尼采在这本书里贯彻了道德相对主义的论点。

《道德的谱系》（1887）该书由三篇论文构成。第一篇讨论基督教的心理状态。在这篇文章中尼采将基督教的道德观追溯至那个被他称为"奴隶借由道德造反"的时期。他描述了位居社会底层的成员对于那些强大、富有而高贵的上层成员的"怨恨"。贵族成员们以"好""坏"作为价值的区分标准，认为他们在社会中所占的优势证明了他们自身的优越，并且藐视那些底层的成员。而奴隶们则发现他们无法面对自己被强者征服的事实，于是构思出了一套"想象的复仇"，将那些强者描述为"恶"，并将他们自身描述为"善"，也因此建构出了基督教的道德观。因此，尼采认为基督教源于憎恨的心理，而不是产生于圣灵。

第二篇讨论良心的心理学。这是尼采第一次阐明残忍性是最古老文化的基础。在文中尼采描述了在这套道德观浮现前的社会的景象（*尼采将之称为"传统的道德"*），认为在那之前以暴力伤害人的权力来自于一个人的能力，就如同动物也有记忆和进行承诺的能力一样，违背承诺者会招致的惩罚就是被施加暴力伤害。也因此，依据尼采的说法，施加惩罚的传统并不是来自于任何道德目标或理论，"坏的结果"也是在道德观浮现前的社会就已存在的概念。若是人不再有自由四处游荡和进行劫掠，他所带有的暴力的动物本性便会转而发泄至自己身上。

第三篇对出世的理想和教士的理想之动力来源问题给出答案。在文中尼采讨论到了基督教道德观里所呈现的"完美的禁欲者"概念，他认为埋藏在这个禁欲概念之后的只不过是一连串可笑而又没有根据的迷信，即使在现代社会，这些迷信仍然企图以新的、秘密的形式腐败人类。

每篇文章都专注于讨论道德观念的发展及其传统，试图证明当代道德观的最初起源根本没有道德根据，而残酷的权力争斗才是塑造道德的渊源。与尼采的其他作品相比，该书在写作形式和语调上都较为倾向于哲学论述，因此这本书成为哲学界对于尼采思想分析的主要来源。

《瓦格纳事件》（1888）该书全名为《瓦格纳事件：一个

音乐家的问题》。书中尼采规模空前地攻击理查德·瓦格纳。尼采认为瓦格纳的作品的确极为杰出，但那只不过是文化衰退和虚无主义的产物，只是象征了软弱无能。这本书显示尼采是一位相当犀利的音乐评论家，这无疑有利于尼采对艺术本质及艺术在人类未来扮演的角色上的思考。该书的出版也预示着尼采与瓦格纳彻底的决裂。

《偶像的黄昏》（1888）该书是极具争议性的一本书，书名取自瓦格纳的同名歌剧《尼伯龙根的指环》中第四部"诸神的黄昏"。在这本篇幅不大的书里，尼采重新提出并且总结了对于许多主要哲学家（**苏格拉底、柏拉图、康德以及其他基督教哲学家**）的批评。在"苏格拉底的问题"这个章节里，尼采指出没有人可以计算生命的价值，任何试图计算生命价值的人都只是证明了自己具有否定生命或是肯定生命的倾向。尼采认为，在苏格拉底之后的哲学发展都是"堕落的"，因为那些哲学家们企图以辩证法作为自我辩护的工具，而传统思想的权威则被毁灭了。尼采批评当时的德国文化相当单纯和幼稚，还对法国、英国以及意大利的许多主要文化代表人物提出了批评。书中提到恺撒、拿破仑、歌德、陀思妥耶夫斯基、修昔底德以及古希腊时期的诡辩家们，尼采认为后者比起前者要来得健康而强壮多了。这本书的最后告诉读者们他自己正在进行一项重新评价所有人类价值观的重要计划。

《反基督》（1888）该书是尼采最知名而又最富争议的著作之一。尼采在此书中对基督教的道德观发起了论战式的批判攻势，后来世人将尼采视为反基督教的狂热者也主要是源自此书。在此书中尼采集结了他在之前的作品里对于基督教的各种批评，以一种讽刺的写作风格，表达了他对于基督教伦理中奴隶道德腐败高尚古罗马道德的恶心和痛恨。书中尼采举出基督教中的福音书、保罗、殉教者、神父以及十字军，认为这些都属于奴隶道德中的怨恨，基督教企图鼓吹软弱和不健康，目的则在于牺牲掉那些更强壮的道德。在这样极端的批判风格中尼采还不忘批评耶稣基督以及其他许多重要的基督教象征，此书也因此抛弃了尼采其他作品中相对中立的分析风格，转而采取全然事实的论战风格。尼采希望通过该书提出一套"反基督"的道德体系以改造未来，重新评价所有的价值观。

《瞧！这个人》（1888）这是一本风格极为独特的自传，有些章节的名称甚至是"为什么我这么有智慧""为什么我这么聪明""为什么我写出这么好的书"。书中记述的不是尼采个人的生平，而是他的哲学思想的发展经历。书中凸显了尼采研究各种哲学的计划。他试着将许多哲学思想与他的身体外貌相连接，偶尔还会刻意以极为谦虚的评论描述自己，甚至呈现出半开玩笑或自我奉承的笔风（这同时也是讽刺苏格拉底的谦虚）。在描述完自己后，尼采宣称世上所有的美德都已呈现在他自己身上（包括了父亲的早逝以及奇差无比的视力——用以证明他的逆来顺受）。尼采在书中还用较小篇幅评论了他之前的所有作品。最后一个章节"为什么我是一个宿命"中，尼采告诉读者，"永恒回归"以及"对所有价值观的重新评价"是他哲学研究的中心。

《权力意志》《尼采反对瓦格纳》以后，尼采写下了大量的文稿和笔记，尤其是记述了他的哲学思想的发展历程。在尼采死后，尼采的妹妹伊丽莎白成为这些文稿的合法继承人，她将这些文稿汇编后以《权力意志》为名出版。后来研究发现，伊丽莎白对这本书"动了许多手脚"，包括极有选择性地挑选文稿、擅改段落的排序，因此当前主流的学界认为由伊丽莎白汇编的这本书属于修正主义的篡改版本，只不过是她以哥哥的作品为媒介夹带自己的政治观点罢了。尼采在世时一直极为厌恶自己的文稿遭到这样的篡改。除此之外，伊丽莎白在日后进一步篡改了哥哥的作品以迎合纳粹的思想，这些记录都证实了尼采后来被与法西斯主义和反犹太主义画上等号是伊丽莎白篡改造成的后果。

第 7 章

价 值 重 估

尼采哲学以价值重估为理论基础，旨在高扬人类的生命价值。他的权力意志论、超人学说等都意在使人类和世界进入积极、健康发展的方向："我的毕生工作是为人类准备一个伟大自觉的时机……那时，人类将不再受偶然事件和教士的支配，将会第一次提出整个人类的原因和理由问题。这个毕生工作是下述观点的必然结果，这个观点是说，人类并没有走上他们所愿意走的正确道路，它根本没有受到良好的治理，完全处在那趋于否定、堕落和颓废等神圣价值之下。"

超越叔本华

当年轻的尼采睁着一双困惑的眼睛开始思考人生的意义时，摆在他面前的是一幅沉寂荒冷的人生画卷，叔本华以其创世纪的绝望奏出了一曲充满悲哀痛苦、深沉而又绝望的人生之歌。

叔本华认为，生命意志是世界的终极现实，一切现象包括个体生命都是生命意志的表象。生命意志是一种盲目的不可遏止的欲望冲动，人处于这种冲动的控制下，欲望不禁滚滚而来。欲望意味着欠缺，欠缺意味着痛苦。在叔本华的求生意志里人间是找不到一丝曙光的，更找不到幸福和自由，有的只是无穷无尽的愁苦，如同苦海里的破船，苦苦挣扎也是毫无希望。叔本华认定"生命本身就是满布暗礁和漩涡的海洋"，"占有一物便使一物失去刺激，于是愿望、需求又在新的姿态下卷土重来。要不然，寂寞、空虚、无聊又随之而起；而和这些东西作斗争，其痛苦并无减于和困乏作斗争"。人类的一切欲望和需求都充满着对现状的不满和痛苦，且无穷无尽。"于是每一个个体，每一张人脸和这张脸一辈子的经历也只是一个短短的梦了，是无尽的自然精神的短梦，常驻的生命意志的短梦；只不过是一幅飘忽的画像，被意志以游戏的笔墨画在它那无尽的画幅上，画在空间和时间上，让画像短促地停留片刻，和时间相比只是近于零的片刻，然后又抹去以便为新的画像空出地位来。"这个变化莫测的世界只不过是过眼云烟而已，人的任何行为都只是在催生痛苦、彷徨、困惑、无聊和忧伤。生命毫无价值，幸福只是转瞬即逝的梦幻。

叔本华的"意志说"叙说着做人的痛苦，痛苦和无聊是人生两个基本因素，人生就像一只钟摆在痛苦与无聊之间来回摆动，而人又只能独自面对自己的命运。于是，人生注定将是悲剧，所谓的幸福快乐不过是短暂的，人将永远陷于不定的生活与悲剧的命运中。那么，如何才能摆脱痛苦的袭扰得到永久的解脱呢？叔本华从悲观主义走向了虚无主义。他认为，要永久摆脱人生的痛苦，就要彻底否定生命的意志，要走向禁欲之路。"随着自愿的否定，意志的放弃，则所有那些现象，在客体性一切差别上无目标无休止，这世界存在于其中的那种不停的熙熙攘攘和蝇营狗苟都取消了；一级一级的形式都取消了；末了，那些现象的普遍形式——时间和空间，以及最后的基本形式——主体和客体也都取消了。没有意志，因此也就没有表象，没有世界……于是留在我们之前的，怎么说也只是那个无了。叔本华最后达到了佛教中的"无我"的极端虚伪主义境界。

叔本华的"意志论"从本质上来讲，是一种盲目的感性欲求和冲动。这种思想在 19 世纪引起了轰动，对当时传统理性主义产生了强烈的冲击，有力地驳斥了理性主义世界观，肯定了现实世界中人的价值和主体性。对此，尼采指出："有人认为'自在之物'必然是善良的、极乐的、真实的、统一的，而叔本华则把自在解释为意志，这是关键一步。"在否定传统理性主义方面，尼采和叔本华站在了一起，但尼采对叔本华的继承也仅仅限于此。

尼采不满于叔本华将万物归于虚无的观点，他要给人们的生活赋予人生的意义，探索生命意义。尼采认为人生虽然永远根植于痛苦之中，但却是有价值的。意识到人生的痛苦并不能否定人的价值和生命的存在，而应该肯定人生，在痛苦中求欢乐，在死亡中寻生存。人生存的目的不应是追求一个个具体的欲望的满足和欲望满足时的短暂幸福，而应该追求生命权力意志的增加，即"生物所追求的首先是释放自己的力量——生命本身就是权力意志"，权力意志并不是指世俗权力。尼采所讲的权力意志是指宇宙万物所共有的释放和扩张自己力量及进行创造的欲望，是占有、支配他物的力量。人在追求权力意志增加的过程中，必将经历各种各样的痛苦，但痛苦并不是消极的东西，也不应与快乐相对立，而应被看作快乐的源泉。正是在遇到困难、经历痛苦的时候，人的权力意志才能增加，从而产生快乐。因此，人不应反对痛苦，相反，应该欣赏痛苦，在痛苦中不屈不挠地进取。所以，人不应该只是对人生的痛苦充满同情，而应该随时准备好超越，只有超越才能创造幸福。

上 帝 之 死

尼采的价值重估是从对基督教严厉的批判开始的。尼采宣称："我反对基督教，我以责难者中最严厉的责难来反对基督教，我觉得它是所有想象的堕落中最坏的堕落，它具有最彻底的堕落意志。""我说基督教是一个大祸患……我称其是人类一个永恒的污点。"而罪魁祸首就是"创造"这一切的"上帝"，所以尼采选择了"上帝"——传统价值的"创造"者作为批判的对象。正如他在《快乐的科学》中所说："上帝死了！上帝真的死了！是我们杀害了他，……你和我，我们都是凶手！"

尼采为什么要"杀死上帝"，又何以敢"杀死上帝"，谁又是尼采心中全新的"上帝"呢？

从基督教本身来看，尼采认为，基督教是群畜本能，"是典型的颓废形式，是在一个倦怠盲目和病态的乌合之众中产生的道德腐化和歇斯底里"。基督教的价值论断全部

"都是骗人的鬼话"。它们仅仅是在反对古典和高贵宗教斗争层面具有积极意义，而现在"一切基督教的东西会被超基督教的东西克服"，上帝也不过"是人类的作品和人类的疯狂，'上帝'的概念是对生存的最大异议"，既然如此，杀死上帝就成为一种逻辑必然。尼采希望通过"杀死上帝"，使人们不再盲目地信奉基督教，而是相信自己的意志力量，要用自己的意志力量重新估计一切价值。

从文明发展的角度来看，从"上帝之死"到"人的消解"，人文主义者闯入了天国的禁地，以培根为开端的近代科学——理性主义对上帝的几番征战，特别是19世纪细胞学说和进化论的建立，揭穿了上帝造人的神话以及人类原罪的训条，从而导致了人们对上帝信仰的崩溃。从19世纪后期德意志帝国的发展来看，容克贵族和大资产阶级联盟，促进了大工业的迅速发展，大有后来居上之势。而德国经济发展所需要的原料供应地和产品销售市场则早已被列强瓜分完毕，为使德意志帝国有长足的发展，只能从这些老牌资本主义国家中去夺取，否则只能在原有的土地上窒息。这就告诉同时代的德国人，只有奋斗，才能生存，只有攫取，才能发展。但基督教则教导人们怜悯、禁欲和自我否定，倡导"罪""爱"和"遗弃世界"，这是与德国帝国主义的对外扩张政策不相符的。

面对文艺复兴以来欧洲人的困惑和 19 世纪德意志帝国的生存和发展需求，以文艺复兴继承者自居的尼采成为基督教的忠诚反对者，于是上演了一场"刺杀"上帝的惊心一幕。"上帝"是西方基督教世界的一种价值主导观念，上帝死了，由它制定的"理想和规范""原则和规则""目的和价值"等观念也一并消失了。这对于西方人而言与其说是轻松的，不如说是沉重的，甚至是痛苦的，尽管这种痛苦具有进步意义。因为长期以来，上帝始终是西方的精神支柱，它不仅凝聚了最高价值，还向世人许诺不朽、至善和宇宙秩序，虽然贬低了人的世间价值，却在天国中赋予了人永恒价值。上帝使人显得极为渺小，同时也给人罩上了一圈神圣的光环。西方人在文艺复兴的乐观气氛中沉醉了不久，便觉察到人失去上帝后的悲凉境遇。上帝死了，我们被抛弃了，我们所一贯遵循的行为准则和价值尺度随"上帝"一同进了坟墓。上帝死了，世界变成虚无，虚无则"意味着最高价值自行贬值"，世间没有了权威，没有了信仰，人们产生了非常大的失落感，同时这种传统价值文化的崩溃又深深地刺激着每一个人，迫使他们重新寻找新的偶像、新的信仰。

尼采否定了上帝，从而也否定了一切以上帝为核心的传统价值观念。在他看来，"正义""善良""同情""怜悯""仁慈""博爱"等传统价值观念以及"自由""平等""博爱""天赋人权""人道主义"等传统政治训条都是弱者的基督教价值标准，他们都是弱者为了免遭强者侵犯并图谋改变地位以侵犯强者而蓄意制造出来的诡计。

因此，在尼采看来，基督教是靠不住的，以基督教为核心的传统价值体系更是充满了奴役性和欺骗性，已为时代所不容，必将被死去的上帝一同带进天国的坟墓，取而代之的是一种追逐"强力"、崇尚奴役的"主人道德"，是一种全新的价值体系。

道德的划分

尼采宣称："我是第一位非道德论者，因此，我是地道的破坏者。"然而，尼采并不否定所有道德，因为他"在迄今主宰着或目前仍主宰着地球上的众多高雅和粗俗的道德之间巡游了一番，发现有些确定特征是有规律地一起出现的，并且彼此相互连接、相互联系。最终，我发现两种基本类型，我的眼帘中出现一个基本差异：存在着主人道德和奴隶道德……"尼采对奴隶道德持否定态度，他"说的非道德论者这个词有两个否定。一方面，我否定以往称之为最高尚的人，即好人、善人、慈悲人；另一方面，我否定那种作为自在的、流行的、普遍认可的道德——颓废的道德，更确切些说，基督教道德"。因为按照衡量标准——"对于人类繁荣是起阻碍还是起推动作用？它们是不是生命的困苦、贫困、退化的标志？抑或是相反，它们显示了生命的充实、力量和意志，显示了生命的勇气、信心和未来?"基督教道德不仅阻碍了社会发展，而且是"对生命的犯罪"。欧洲大地上普遍流行的道德就是这种贬低生命的奴隶道德，成为"根本性的问题了"。

尼采认为，奴隶道德"就其最伟大和最无偏见的支持者而言，也是一种被认为是必然的谎话"。弱者们正是用"诽谤和谎言"，"不停地编织着无比丑恶的阴谋之网——受难者在阴谋反对幸福者和成功者；在这里成功的观念遭到痛恨。为了不暴露这是仇恨而编织了何等样的谎言！滥用了多少华丽辞章和漂亮姿态！……他们用这种技术竟仿造出了德性的印纹，甚至伪造出了德性的声响，德性的金子声响。无疑，他们这些弱者，这些病入膏肓的病人现在已经完全控制了德性。""他们的双膝总是对道德跪拜，他们的双手总是拱着赞美道德"，而他们真正的目的是"想用他们的道德把他们的敌人的眼睛挖出来；他们抬高自己，只是为了压低别人"。奴隶道德实质上是一种保存"原则"和保护"工具"，是"平庸者""受苦人""低贱者"自制的用于保护自己的"法宝"。他们用"道德"来丑化强者，美化自己，并把对强者的嫉妒和仇恨披上了"正义"的外衣。

不仅如此，奴隶道德对个体生命造成了很大的危害。尼采认为，奴隶道德会危害生命：危害对生命的享受；危害对生命的美化和崇敬；危害对生命的认识；危害生命的发展。奴隶道德还极力地使得人变得等同划一，泯灭独立人格，挫伤人的积极性和创造性。生命本身具有权力意志，在它的支配下，生命表现为欢悦、生动、富于激情，在激情中生活与创造。可是，在奴隶道德的笼罩下，个体生命可能会因"违背"戒律受到惩罚，甚至自我毁灭。人都是趋利避害的动物，为了不至于受到惩罚或自我毁灭，他们会使用社会普遍流行的道德来驯化生命内部的激情。经过奴隶道德的驯化，"对一切都予以否定：他否定自我，否定自然，否定他自身的自然性和真实性；他把从自身挖出来的东西当作一种肯定，一种可能的、真实的、生动的东西，当作上帝，当作上帝的审判，上帝的刑罚，当作彼岸世界，当作永恒、永久的折磨，当作地狱，当作永无止境的惩罚和无法计算的债务。这种心灵残酷是一种前所未有的意志错乱：人情愿承认自己是负债的，是卑鄙的，是无可救赎的；他情愿想象自己受罚，而且惩罚也不能抵消他的负债；他情愿用负债和惩罚的难题来污染和毒化事物的根基，从而永远地割断他走出这座'偏执观念'迷宫的退路；他情愿建立一种理想，一种'神圣上帝'的理想，以此为依据证明他自己是毫无价值的"，躺在那里，有病、虚弱，对自己怀着恶意；充满对生命冲动的仇恨，充满对一切仍然强壮幸福的东西的猜忌，看起来活像"一幅人类的讽刺画、一个怪胎……成为有病的、衰弱的、残废的动物"，变成了畸形者、半人、弱人、劣人……是典型的丧失生命活力的弱者。奴隶道德就是"兽栏"，它圈住了统治者、成功者、放荡不羁者，却给了多余的人、平庸者、弱者最大的自由。

尼采振臂疾呼："打碎，给我打碎，哦，我的兄弟们，这些虔诚者的古老的法律！拆穿这些诽谤世界者的箴言！""一切弊病的根源是不道德的，为了道德的生活，必须要有新的道德价值。"这种"道德中的每一种自然主义，也就是每一种健康的道德，都受生命本能支配"。生命的本质是权力意志，因此，这种道德必然是以"权力意志"为准则。这样一来，传统的真、善、美等观念将被彻底颠覆。"什么是善？凡是增强人类力量感的东西、力量的意志、力量本身都是善。什么是恶？凡是来自柔弱的东西都是恶。什么是幸福？幸福是力量增强、阻力被克服时的感觉。"尼采称这种道德为"主人道德"。在"主人道德"层面上，"善"就是生命力量的强大，"恶"就是生命力量的衰弱。因此，颠覆传统道德，追求强力成了"主人道德"的典型特征。

然而，在追求强力的实践过程中，生命表现为个体生命，强力原则演变为个人原则。个人原则的第一要义是"成为你自己"，对自身生命的肯定和忠诚。"成为你自己"，"我们必须在自己面前对我们的生存负责，因此我们要做这生存的真正的舵手，不容许我们的存在类似一个盲目的偶然"。当人成为他自己的时候，人也就自由了。自由原则成为尼采新道德即"主人道德"的逻辑结论。尼采认为，自由是生命的最高境界，它蕴含强力、价值和创新。在《查拉图斯特拉如是说》的开篇提到了"精神三变"，尼采坦言"我要向你们列举精神的三段变化：精神怎样变为骆驼，骆驼怎样变为狮子，最后狮子怎样变成孩子"。骆驼腹背上承载的不仅仅是最重的重负，也是人生中的种种痛苦；狮子利用它的强力攫取的不仅仅是自由，也是重估一切价值的权力；孩子的纯洁和遗忘不仅仅是一种失去，也是一种神圣的肯定和自由意志的获得。由是，"自由"成为尼采"主人道德"必不可少的内容。

第8章

思想的狂舞

我们为自己创造了一个适于生活的世界，接受了各种体线面，因与果，动与静，形式与内涵。若是没有这些可信之物，则无人能坚持活下去！不过，那些东西并未经验证。生活不是论据；生存条件也许原本就有错误。

——尼采

权 力 意 志

"权力意志"是尼采自己创造的一个概念，萌芽于《朝霞》一书。书中曾屡次谈到"求强力的欲望""强力的感觉",并以之说明个人的优异、义务、权利、幸福、善恶等现象。权力意志明确形成于《快乐的科学》,是在同达尔文的"生存竞争"说相对立的意义上提出来的。当时权力意志说被误解为一种社会达尔文主义。实则不然,"生存竞争"说是以生物的自保欲望和生存资料的匮乏为基础的进化学说。"人们不能从一种力求自我保存的意志中推出细胞原生质最低层和最原始的活动;因为细胞原生质以一种不可思议的方式摄取了比保存所要求的更多的东西;而且首要地,它因此并不是在保存自己,而是蜕变了……在此起支配作用的欲望恰恰可以说明这种不求保存自己的意愿。""生命体所做的一切并不是为了自我保存,而是为了变得更丰富……"因此,"自我保存的欲望是一种匮乏情境的表现,是真正的生命基本冲动受到限制的表现,是一种冲动追求力量的扩展。在此意志下,自我保存常常成为问题并且被牺牲掉……在自然中统治的不是匮乏,而是丰裕,是浪费,甚至达到无意义的地步。生存竞争仅是一个例外,生命意志的一种暂时约束;大大小小的竞争到处都是为了争优势,争发展和扩大,争强力,依照着求强力的意志也就是生命意志。"由此可见,权力意志不求自保,但求强力,与达尔文的进化论大相径庭。

"在我看到有生命的地方，我就发现有追求强力的意志；就是在奴仆的意志之中，我也发现有当主人的意志。"它是向着更高、更远、更复杂目标发展的动力，他愿意"牺牲自己——为了追求强力"！这个令尼采甘愿为之牺牲的权力意志德文为"Der Wille zur Macht"，其中介词"zur"为追求和趋向之意，"Macht"为强大的力量之意。权力意志不同于叔本华的生存意志，它更像"是一种旺盛的生命形式，突出了一种追求强大的生命意志和求强大力量的欲望"。作为尼采哲学的重要理论范畴，权力意志在一定程度上是酒神精神的延伸或理论化概括。"从实质上看，酒神精神和强力意志是一码事，两者都是指生命力的蓬勃兴旺。"但权力意志并不是纯粹的欲望，它代表了创造和超越。不仅如此，在尼采那里，权力意志具有丰富的内容和重要的地位。

首先，权力意志是世界的本质和万事万物发展的原动力。这个世界就是权力意志，一切都按照权力意志的意思，世界万物都是权力意志的表象。尼采描述了权力意志的世界："你们知道'世界'在我看来是什么吗？……世界就是：一种巨大的无匹的力量，无始无终；一种常驻不变的力量，永不变大变小，永不消耗，只是流转易形，而总量不变……永远在流转易形，永远在回流，无穷岁月的回流，以各种形态的潮汐相间，从最简单的涌向最复杂的……然后再从丰盛回到简单……是一种不知满足、不知疲倦、不知疲劳的迁化——也就是我的这种永远在自我创造、永远在自我摧毁的酒仙（狄俄尼索斯）世界，我的这个无目的的'超出善恶的世界'，如果在循环欢乐中并没有一个无意志的目的，一个循环并不对自身怀有善意的话，——你们愿意给这个世界一个名字吗？——这个世界就是权力意志——岂有他哉！"不仅如此，一切推动力都是权力意志，此外没有什么身体的、动力的或者心灵的力量了，一切都力求投入权力意志的这种形态之中。因此，尼采认为，"不仅是人的本质为权力意志，一切自然的事物从无机界到有机界，从动物到植物及其变化过程也都是权力意志的外在表现形式"，一切"目的""目标""意义"都不过是与一切现象同时发生的意志表现方式和变态，也就是权力意志的表现方式和变态。

其次，权力意志是评价一切的最高尺度和价值标准。在尼采看来，世界和生命就其自身来说没有任何意义和价值，"唯有我才掌握着'真理'的准绳，我（权力意志）是唯一的仲裁者"。对世界和生命最正确的评价应该依据权力意志。事物"价值依照什么标准来衡量自身呢？仅仅依照提高了的和组织好了的强力的份额多少"。不仅如此，"每一个人均可根据他体现生命的上升路线还是下降路线而得到评价"。世界的本质是权力意志，世界万物都是权力意志所创造的。权力意志理所应当成为衡量人类一切精神文化的价值基础和最高价值尺度。这打破了价值的客观存在性，"事实"与"价值"不再可分，"是"和"应当"不再对立。海德格尔对此作了评论："如果存在者被理解为权力意志，那么，一种应当就将成为多余的了……如果生命本身就是权力意志，那么，它本身就是价值设定的基础，于是，并非一种'应当'决定存在，而是存在决定'应当'。"

最后，权力意志决定生命价值。在尼采看来，人人皆有权力意志，但量与质不同。"弱者之所以服侍强者，这是由于他要当比他更弱者的主人的这种弱者的意志说服他：只是由于要当主人的这种快乐，使他不愿意加以放弃。正如小者之所以献身于较大者，是由于他对最小者进行支配的快乐和强力：因此最大者也有献身的对象，为了获得强力——他以命做赌注。"这就是说，权力意志本身具有量与质的差别，主要表现为："在被压迫者和各种奴隶那里表现为要'自由'的意志。因为，唯有摆脱才是目的（从道德和宗教上说就是：只对自己良心负责；基督教的自由等）；在强大的和即将掌权的种类那里，则表现为强权意志；假如开始毫无成效，就转换成要'正义'的意志，也就是要求同统治者享有同等的权利；在最强者、最富有者、最勇敢者那里，则表现为'对人类之爱'，对'人民'、《福音书》、真理、上帝之爱；

表现为同情、'自我牺牲'等等；表现为制胜、义务感、责任感，表现为自信有一种人们能够赋予其方向的伟大势力，即英雄、预言家、恺撒、救世主、牧人。"权力意志越优越的人，他们的生命价值就越高，在人类社会和历史中的地位和作用就越重要，权力意志少的人是些"多余的人"，他们在人类历史上无足轻重，只有服从的权利。

权力意志之所以具有如此大的魅力，在尼采看来，是因为它是永不停止的创造性的生命意志，追求的不是生命自身，而是生命得以超越自身的强力。它倡导奋发图强的生活态度，要求每个人都要做有独特性格的强者。"最好的一切属于我的下属和我；如果不给我们，我们就夺取：最好的食物，最纯净的天空，最强的思想，最漂亮的女人！"生命的意义并不在于活得长久，而在于活得伟大，活得高贵，活得有气魄。

尼采的权力意志论具有一定的积极意义，但也难以避免其形而上学的理论的局限性。尼采把权力意志理解为世界的本质，实际上是用部分替代整体，以个性替代共性，是极其片面的。而且，生命的存在不是单一因素作用的结果，而是众多"关系"相互影响的总和。把人单纯地理解为自我权力意志，势必会忽视人赖以生存的环境和社会关系，最终走向"人类中心主义"的旋涡之中。而且，尼采的权力意志论把人的意志同人的生活环境割裂开来，决定了他不可能全面和深入地了解人的意志。人的意志确实是感性的，但它源于社会实践，是社会实践的产物，反过来对社会实践具有能动的反作用。忽视社会实践，单纯地崇拜抽象意志是不可取的，是必然要失败的，这方面我们已经有了深深的体会。因此，只有用辩证唯物主义来理解权力意志论，才能准确地把握它的"要义"。

超　　人

"超人"学说是尼采的首创，在尼采思想中占有重要地位。那么，"超人"究竟为何物，又是如何产生的呢？

何谓"超人"

"超人"一词正式提出是在《查拉图斯特拉如是说》中。在书中尼采写道："我教你们何谓超人，人是应被超越的某种东西。你们为了超越自己，干过什么呢？直到现在，一切生物都创造过超越自身的某种东西；难道你们要做大潮的退潮，情愿倒退为动物而不愿超越人的本身吗？"之后，尼采在此书中虽然多次谈到"超人"，但他并没有给"超人"下一个确切的定义。"超人"的概念在尼采那里是模糊不清的，在《查拉图斯特拉如是说》的序言中有一个概括性的论断，通常被认为是超人的定义。这个论断的德文原文是："Der übermensch ist der Sinn der Erde. Euer Wille sage：der übermensch Sei der Sinn der Erde！"有译者译为："超人就是大地的意义。你们的意志要这样说：让超人就是大地的意义！"有的学者则将 der Sinn der Erde 译为"世界之意义""土地的意义"。然笔者认为，"大地""世界""土地"都不能确切地反映出尼采心目中超人的真实形象，因为"Erde"一词不仅有"大地""世界""土地"的意思，而且还有宗教意义上的"尘世"的意蕴。而尼采正是在后一种意义上使用"Erde"一词，与基督教的"天国"相对照。因此尼采的上述论断的实质含义为：超人就是尘世的意义。

由于尼采没有对"超人"概念作出确切的定义，导致国内外众多学者对"超人"概念的理解出现了分歧。总的来讲，学者们对"超人"概念的理解可以分为四类。第一类是把"超人"看作生物进化论意义上的高等种族。在具有权威性的《哲学大辞典》中，超人被解释为，未来的一个全新的种族，是由权力意志充沛的人组成的一个超越民族范围的新的物种，是人类发展的归宿。第二类是把"超人"看作天才或杰出人物的代名词："超人就是超乎一般人之上的人，上等人中的上等人，权力意志、天才达到顶峰的人。"外国哲学史专家全增嘏也曾指出："尼采把个别杰出人物、包括那些最反动的人物奉为超人，而对作为历史的真正创造者的广大劳动群众则进行了极其恶毒的攻击和咒骂。"第三类是把"超人"与现实的人相比，超人是智力高度发达的未来时代的主人。第四类是把"超人"看作至善的"完人"或"新神"。"超人是进化的顶点，决不带有低级动物以及猿和人的性质。""尼采把一切最美妙、最崇高、最有权威的特性都加到超人身上，较之基督教的救世主上帝，有过之而无不及。"国内部分学者正是基于这一点对尼采展开批判的。

从以上几种论述可以看出，它们有两个共同的特点："把它理解为一个结果性范畴，而不是一个过程性范畴；理解为一个思辨性范畴，而不是一个现实性范畴"。这恰恰是对"超人"的误解。笔者认为，"超人"与其说是英雄、杰出人物的代名词，倒不如说是末人实现超越的形象描述；与其说是人类行为的目标和结果，倒不如说是追求目标的过程与行为准则。所以，"超人"实则是富有自由与创造精神的部分末人，对现实超越的一种动态化的、持续永恒的状态和过程，是静态与动态的辩证统一，是过程与结果的结合。

总的来讲，超人具有以下特征。

（1）批判性。它勇于批判基督教，批判传统的道德，批判权威，批判偶像崇拜，批判现代社会。

（2）超越性与肯定性。自我超越成为"所有生命和进化的最非凡的最重要的事实"，而且"人是连接在动物与人之间的一根绳索——悬在深渊上的绳索"，所以，"人是应被超越的某种东西"。在这种超越过程中，肯定与否定二者既相互对立，又互相依托：否定是针对当下现实社会，肯定则是指向未来世界的超人。

（3）超强的权力意志。只有具有超强权力意志才能实现不断超越，追求卓越。"凡我发现生物之处，便找到了求权力之意志。""凡有生命，就有意志，但不是求生存的意志，而是求权力的意志"，"生命本身是求权力的意志"，肆意地发挥权力意志。

（4）强力欲，统治欲。尼采认为，只有天才式的音乐家、舞蹈家才是超人在现实社会的存在形式。然而这些音乐家、舞蹈家并不是人人都可以成为的，他们就像世俗社会的贵族一样，虽然占少数但却是未来世界的统治力量。而且他们"喜欢危险、战争和冒险，而不愿妥协、被攫住、受阻或让步，同时自诩为征服者；我们在考虑建立新秩序，甚至新奴隶制度（因为所有提升和强固'人'的制度都会掺有一种新的奴隶制度）"来实现统治。

（5）勇于攫取，爱好战争。为了实现统治，他们要去攫取，要去战斗。尼采如是说道：超人"如同一支飞箭，摇震着羽团猛扑，抓攫了羔羊……如同鹰一样，如同豹一样。你的热望在一千种假面具下面隐藏"。这就是说："有力量夺取的你不当忍受给予，这便是你的权力。"勇敢地攫取吧！"你们不要工作，只要战斗。"

（6）自由的创造性。超人拥有权力意志，乐于攫取，喜爱战争，挣脱了世俗和精神等各种控制，成为未来世界的统治者、真正的自由人，具有自由的创造性和旺盛的创造力。

为何提出"超人"

19 世纪末，欧洲科学技术取得了长足的发展，特别是细胞学说和进化论的兴起，上帝创造人类的谎言不攻自破。伏尔泰、休谟等思想家也用科学和历史的方法对基督教神学进行了严厉的批判，但基督教传统道德仍然统治着人们的思想，教导人们怜悯、禁欲和自我否定，倡导"罪""爱"和"遗弃世界"等。

基督教中的"罪"不同于现代社会中的犯罪，它包含生理性的罪和道德性的罪。基督教把人们与生俱来的肉体、本能、人性等均视为罪恶，并声称只有在当世赎罪，才能换来来世的幸福。这样一来，基督教就把人类肉体的存在和本能的发挥视为一种不道德，而把懦弱、胆怯等代表软弱的东西视为美德。这就在很大程度上抑制了人本能的发挥，掩盖了人性本质。尼采反对这种消极的价值观，尼采讥讽"肉体的轻视者"："我要对轻视肉体者讲几句话。我并不要他们改变其学习与教导，只要他们跟他们自己的肉体告别——就这样沉默不语。"那么，结果只能是"去死，背离人生"，从而也不可能实现超越自身而进行创造。所以，人"全是肉体，其他什么也不是；灵魂不过是指肉体方面的某物而言罢了"。肉体是一种大理性，因为它能够实现超越自己去进行创造；精神是一种小理性，只不过是"肉体的工具，你的大理性的小工具和玩具"。

基督教中的"爱"，被尼采理解为"同情的爱"。尼采对这种"同情的爱"感到厌烦，"如果我必须同情他人，我不愿意被人称为同情者；如果我要同情，那也要在隔得远远的地方"。因为，"小小的恩惠如果被人铭记在心，就会变成对方心中的蛀虫"。这必然造成生命和活力的丧失，因为连上帝都死于他对世人的同情，更何况人呢？"一切伟大的爱超过同情，因为伟大的爱还要创造它所爱的对象!"而"遗弃世界"对尼采来讲，更是一个极大的谬论。在尼采看来，"遗弃世界"实质"是一种对大自然忘恩负义的态度，使我们忘却存在的责任。我们是大自然的产儿，我们的脚踏在大自然的土地上，它要求我们做一个斗士、一个创造者，而不是一个逃避者、一个沉沦者，但基督教却剥夺我们生存的兴趣及创造的欲望，使我们每个人成为虚构世界的奴隶，放弃了成为这个真实世界的主人"。

因此，基督教基本观念"罪""爱""遗弃世界"等传统道德给人们的身心都造成了伤害。它们抛弃了肉体，却把人的"精神"锁在牢笼里，使人们背上了精神枷锁，成为统治阶级的奴隶。尼采看透了基督教的虚伪本质，把它们披露得淋漓尽致，从而打破旧传统道德价值根基，寄希望于为人类建立全新的价值观念和价值体系。尼采把这种全新的价值寄托于能够实现自我超越的超人，希望伴随着超人的产生，全新的价值观普照人间。

"超人"如何产生

在《查拉图斯特拉如是说》中，尼采详细地阐述了"超人"产生的整个复杂过程，即"精神三变"："我要向你们列举精神的三段变化：精神怎样变为骆驼，骆驼怎样变为狮子，最后狮子怎样变成孩子。"

骆驼喻指信仰柏拉图主义和基督教信条的人，其中也包含坚守基督教传统价值体系阵地的哲学家们。他们轻视肉体，注重灵魂，出于自身的"强力"和对"精神重负"的敬畏，他们"像骆驼一样跪下来，甘愿被装上很多的重负"。他们非但"从不抱怨艰辛，孜孜以求真理，服从彻底的自我批判"，并且以承载如此重负而感到荣耀和快乐。在道德层面上，他们要"跟上帝和邻人保持和睦……跟躲在邻人间的魔鬼也要相安无事！……对官府要尊敬，要服从，即使对于不正当的官府也要如此！……不要很多荣誉，也不要大量财宝……"而这一切全都是为了"符合良好睡眠"的要求。为了好的睡眠，他们的智慧要"保持清醒"，以避免在令人恐惧的黑暗中感受孤独。这反映出这些人生活的无意义，没有信心和勇气面对"黑暗"和困难，只想苟延残喘，虚度余生。然而，"他们的时代过去了。他们不会再站得长久了，因为他们已经躺下了"。骆驼把一切重负驮在背上，径直地走向沙漠，在忍受了百般磨难和煎熬之后，它恢复了野性，摇身一变成了反叛主人的狮子。

狮子喻指对一切传统价值的反叛，它用"否定"回答了主人的指令："你应该……"在尼采看来，骆驼所背负的"精神重负"是过去的传统或历史，传统固然是一笔财富，但同时也是一种具有摧毁性的负担。沉溺于过去的传统或历史之中的人，开始"没落"，最终要么就此被"精神重负"压垮；要么反叛传统或历史，甩掉背上的重负，获得自由。狮子的出现就是反叛的结果，它具有凶猛的兽性，要求摧毁一切现有的秩序。因此，狮子的出现代表对旧世界的破坏，这种破坏一刻也不会停止，直到原有的一切被它破坏殆尽，直到旧的价值体系的土崩瓦解。没有了可破坏的东西，狮子开始没落，因为"为自己创造自由以便从事新的创造——这是狮子的大力能够做到的"。但"创造新的价值——就是狮子也还不能胜任"，最后只能转变成"天真""遗忘"的小孩。

"连狮子都无能为力的，孩子又怎能办到呢？进行劫掠的狮子，为什么必须变为孩子呢？"因为"孩子是纯洁，是遗忘，是一个新的开始，一个游戏，一个自转的车轮，一个肇始的运动，一个神圣的肯定"。孩子的天真与遗忘把一切传统的、历史的重负都抛之脑后，没有任何束缚。"新的开始"和"肇始的运动"说明人源于自然性活动，并非"天国"。人的这种活动是"一个神圣的肯定"，肯定自己的意志，按照自己的意愿建造被狮子摧毁的家园。这个家园不是基督教的天国，不是理性主义的绝对，而是有着生动的前苏格拉底精神特征的东西，以水洁身，以火增力，以酒助兴，以乐沟通，以舞神交的圣地。在这个圣地中居住的居民是孩子，是无等级、无身份的超人，"超人"产生了。

"超人"与"末人"

超人并不是一个绝对的概念，而是与末人相对的一个概念。尼采认为，现代社会并不是超人的社会，更不是准超人社会，而是庸人获取统治权的社会，是高贵的庸人也必须讨好群众才能维持自己统治的社会，是庸人全面获胜的社会。尼采把这种社会称为庸人的最后时代，把庸人、现代人等称之为最后的人和末人。

社会工业化程度逐步加深，工业文明逐渐冲击着现代人，危机感、空虚感日益严重。尼采认为现代社会"虽说那自称为高贵，但那里一切都是虚伪而腐烂，总之一切是血腥——谢谢老恶疾和不良医生吧"！人被撕成了碎片，"除一肢体外，缺乏的人实在太多了；除了一只大眼睛，或一张大嘴巴，或一个大肚子，或别的什么，以外即什么也没有……"尼采哀叹："我行走在人们中间，如同行走在人类的碎片的肢体中一样。"工业社会使得健全的人消失了，完整的人格也没有了，现代之人变成了没有思想、没有灵魂、人云亦云、苟且偷生的群氓，人类被异化了。基督教文明则高唱灵魂与上帝，蔑视肉体与人类，提倡虐待自己，放弃尘世生活，追求什么天国与来世。

在尼采看来，这一切都颠倒了强者与弱者的社会统治地位，高贵的强者被"打败"了，而弱者或奴隶（末人）成为了统治者。弱者通过把对强者的怨恨、嫉妒等神圣化为一种正义的道德要求，从而美化自己，丑化强者。弱者自身也认识到，单个弱者无法与强者相抗衡，无法制约强者，于是，他们联合起来共同对付人数较少的强者。在这一过程中，逐渐产生了弱即是善，强则意味着恶的观念。在他们看来，强者是通过不择手段地剥削、掠夺弱者才得以成为强者。所以，他们要锄强扶弱、杀富济贫。奴隶的"道德起义"借助于神的名义，给弱者以足够的补偿，使其成为强者的统治者，而强者则失去了自我辩护和自卫的能力，只能依靠讨好弱者才得以生存。

即便是在这样一个由弱者统治的社会里，也有强者和弱者的划分（在尼采看来，是弱者和更弱者的划分）、等级差别、贵贱之分。现代社会存在着最低级的贱氓，也存在着人间的高人，更有着至高无上的帝王。但在尼采看来，他们统统是人类，都是庸人。对于最底层的民众，尼采斥之为"贱氓"，是"中毒的泉水，发恶臭的火，污秽的梦，生命面包上的虫蛆"。对于有一定地位的高人，尼采也加以否定和贬低，"在你们的心中也有着隐秘的贱氓……世界上还没有一个铁匠能为我将你们锤正和锤直"。"他们彼此还相类似。真的，我看出，即使最伟大的人——也太人类了。"甚至对于人间的帝王，这至高无上的帝王，尼采仍不屑一顾，因为帝王在超人看来不过是温顺与和平的帝王，"同查拉图斯特拉在一处，帝王也可以是一个厨子！"所以人间帝王不过是传统的继承者，即使他们是人间高人，但不过是超人的厨子，何谈超人呢？

另外，与超人相比，现代之人或末人是容易满足的乐观主义者。他们乐于维持现有的秩序，并把追求世俗的功利和感性的快乐当作人生的幸福。而最令尼采深恶痛绝的是末人创造并努力维持的"平等主义"和"民主主义"。尼采把平等的说教者和实行者称为社会的"毒蜘蛛"，现代社会的普选权和法律制度与古代的群氓统治一样，都是把最优秀的人置于被压制的地位，庸人们通过奴隶道德不仅控制了整个社会的价值观念，而且控制了国家、军队等权力中心。在尼采看来，末人无非是"一种可笑，或一种羞耻之物"，无非是"伸展在动物与超人之间的一根绳子"，无非是"桥梁，更高的人从你们上面渡到彼岸，你们站着像梯子一样"。因此，他们永远只是手段而不是目的。

虽然在尼采那里现代人或末人已成为弱者的象征，但超人必须从末人中产生，而且末人中蕴含了产生超人的可能性。从发展的观点来看，超人也必然源于现代人，"大多数人把人表现为断片和部件，只有当人们把它们合计在一起时，一个整体才会冒出来。在这个意义上，所有时代、所有民族就都有某种碎片性质；人是一件一件地发育起来的，这也许属于人类发育的经济学。因此，人们完全应该承认，这里的关键仍然只是综合人的实现，而低等的人，巨大的多数，只不过是前奏和训练而已，通过这些前奏和训练的相互配合，就会在某处形成完整的人，里程碑式的人，后者表明人类迄今为止已经前进了多远"。面对着支离破碎的、丧失独立人格的、被异化了的末人，面对作为向超人过渡的绳子、桥梁的现代人，尼采给予全盘否定，目的是为实现超人。超人具有不同于传统道德和流行道德的一种全新的道德观，是最能体现生命意志的人，是最具有旺盛创造力的人，是人们生活中的强者。

社会不平等论

依据权力意志的差别，尼采提出了社会不平等论。"生命想用大柱和阶梯把自己建筑在高处：它渴望见到辽远的水平线和幸福的美，——所以它需要高度！因为它需要高度，所以它也需要阶梯……"最强者命令强者，强者命令弱者，弱者命令更弱者，依次下去。人与人之间、性别之间、种族之间不存在任何的"平等"，"自由"是高等级人的特权。

人与人之间的不平等

人与人之间是不平等的："我不愿意被杂在平等之说教者一起而被视为他们之一。因为正义告诉我：'人类是不平等的。'同时他们也不应平等！如果我不这样说，我的对于超人的爱何在呢！他们应走在千百座桥上，忙着向未来去，他们争斗着而愈不平等些。我的大爱要我如是说。"

在尼采看来，既然每个个体的权力意志不同，那么人与人之间就必然存在着强者与弱者、英雄与群氓、统治者与被统治者，自然也就形成诸多的不平等。上帝面前人人平等，是迄今为止登峰造极的谎言。上帝已死，高等人不能与群氓同流，"因为世人是不平等的：这是公正的说话（**公正地察看事实，人是不平等的，这无法否定**）。我所意欲的，他们（弱者、群氓与被统治者）没有意欲的资格"！但是"基督教是卓越的反雅利安宗教：它鼓吹一切雅利安价值的重估，贱民价值的胜利，穷人和卑贱者的福音，是一切被践踏者、不幸者、失败者、被淘汰者对于'种族'的总暴动——是作为爱的宗教的不朽的贱民复仇……"所以，"强者的灾难并非来源于最强者，而是来源于最弱者"，因为"弱者总是统治强者——因为他们是多数，他们也更精明……弱者有更多的精神……我所说的精神是指预见、忍耐、狡计、伪装、巨大的自我克制以及一切是 mimicry（模仿）的东西"。"我们还在继续走下坡路，还在变得更仔细、更温和、更狡黠、更舒适、更平庸、更冷漠、更基督化。"为此，尼采主张用《摩奴法典》对付人类病毒：隔离那些不可培育的人，

158

杂种的人，贱民，把他们打入另类，不允许他们接近优良的人种。同样，优良的人也不能混于劣等的群氓之中，并赞赏《摩奴法典》里严格的种姓制度："让婆罗门混合姓中的第一个姓表示祥和；刹帝利，表示力量；吠舍，表示富裕；首陀罗，表示谦卑。"依次递降：僧侣、武士、农商、仆役，此外，是不入流品的群氓贱民。除此之外，尼采还为人类召唤出了"超人"。尼采借用超人来夺回本应属于优等人的特权和优势地位，并把"弱肉强食"的丛林原则作为超人的绝对命令和生活的真理。这是自我意识自我肯定的极致，是个人主义的极端——自我（超人）就是目的，自我（超人）即律法，让世界围绕自我（超人）旋转，自我（超人）即宇宙之王。

尼采在《查拉图斯特拉如是说》中提出了一种等级秩序，把人分为三个等级："处于底层的民众阶级，允许其保持自己卑躬屈膝的信仰；其上是领袖阶层，是组织者和勇士；领袖之上，是圣者阶层，即创造各种幻想、支配各种价值的诗人。即第一等级是少数出类拔萃的统治者，也是尼采倡导的"超人"；第二等级是前者的"扈从和左右手"，是法律的执行者和护卫者；第三等级是"凡夫俗子"，是天生受人统治的"群氓"，也就是"末人"。而"'给平等者以平等，给不平等者以不平等'——这才是公正的真正呼声，由此而推出：'决不把不平等者拉平'。"尼采认为，等级制度是生命的最高规律，把人分成三种类型是为了更好地维护社会存在，以便能产生高等的或最高等的类型。

权力意志成为人与人之间不平等的起因与基础，这是由权力意志在人与人之间的"分配"不均造成的。在尼采看来，权力意志不可能"平均分配"，也不会自动消失，只要个体存在，个体的本质权力意志也必然存在，人与人之间的不平等现象也就会出现。

性别之间的不平等

从权力意志出发，尼采认为女子的权力意志弱于男子，那么男子统治女子是一种必然。男女天性不同，男子刚强，女子柔弱；男子以好斗为美德，女子以温柔为美德；男子的任务是统治，女子的任务是服从；男子的幸福是"我要"，妇人的幸福是"他要"；男子适合于战争，女子适合于生育。女人仅仅是一个能生育的动物而已，而"繁殖是最神圣的事"，女人必须在这个神圣的事中履行好自己的职责，即生育尽量多地适应于战争的战士。"女人身上的一切是个谜，女人身上的一切只有一个答案，这就是妊娠。"除了怀孕，其余的一切都是愚蠢的。在尼采眼里，"妇人的天性浅薄，如浅水上漂游的一层浮沫"，是无知与无用的，无论是在科学上还是在艺术上，很难想象"整个艺术和科学的链条，假如其中少了女人，少了女人的事业，真的就缺了个环节吗？……他（科学家或艺术家）认为，除非女人善于成为形式（委身于人，使自身公开化），否则便没有任何价值"。

"女人会使强者弱化———旦她有能力制服强者，就要面南而王。女人在历史上总是同颓废种类即教士沆瀣一气，反对'有权力的人'、'强者'、男子汉。"因此，尼采认为"在'男人和女人'这个基本问题上强词夺理，否定这里深不可测的对抗和永恒敌意的紧张状态，也许在这里梦想同等权利，同等教育，同等要求和责任，是头脑简单的典型标志"，"一切纵容包庇和让'人民'或'女性'出人头地的作法，都等于赞成'普遍选举权'，即赞成劣等人的统治"，都是压制精英的"暴民政治"。

因此，女子是只猫，最好的女子不过是一头"小牛"，她们只能充当男子们的"工具""坐骑"和"玩物"，而且是"最危险的玩物"。"你要走向妇人们去么！别忘记了你的鞭子。""厨房中的愚蠢；女人是烹调者；可怕的无思想者！如果女人真是会思维的生物，那么她，作为几千年以来的烹调者，想必发现了最伟大的生理学事实。"用如此肮脏的语言辱骂妇女、歧视妇女，这对于一位伟大的思想家来说简直不可思议，这在人类的思想史中也实属罕见。尼采是一个思想中的狂人，也是一个现实中的疯子，他对妇女的恶毒辱骂除了勉强符合其权力意志主义的某些思想逻辑外，确切地讲只能是一个精神病患者的疯言疯语。

种族之间的不平等

在尼采那里，不仅人与人之间、性别之间存在权力意志的差异，不同种族之间也存在着不同的权力意志；权力意志强的优等种族天生应该统治权力意志弱的劣等种族；白种人优于有色人种，而白色人种中的雅利安人和日耳曼人则是权力意志最强的"金发碧眼的野兽"，他们优于其他所有人种。尼采宣称，总有一天大日耳曼"将执欧罗巴合众国之牛耳"，并成为整个世界的主人。他在谈及《悲剧的诞生》时说："让我们放眼一个世纪，你们就会看到，我要消灭违逆自然、亵渎人类的壮举定会成功。那崭新的生命之党，担当了最高天职，即掌管驯育人类权力的党——包括无情地消灭一切败类和寄生虫的使命在内——将有可能在地球上重建生命的繁荣，这样就会使狄俄尼索斯现象再度出现。我预言，悲剧时代必将来临。"尼采提到的"希望"是重建"那崭新的生命之党"，尽管尼采所说的"党"并非指近代意义上的政党，而是泛指集团、种族或"超人"，但有一点是可以明晰的，即尼采希望德意志民族能够有一种全新的政治形态——一种与酒神精神合一的强权政治，希望德意志民族"……将有一天成为一种人民：你们精选了你们自己，从你们生出一种选民，又从这选民中生出了超人"，成为最优等的种族。尼采非常欣赏歌德、俾斯麦，称他们"是德意志这个强大种族的典型代表"。尼采宣称，德意志民族在经历了"一个过渡的漫长的时间以后，外来的许多强有力的压迫，已经使得一向生长于野蛮而无形式的日耳曼精神卑屈于其形式之下了。但是最后，日耳曼精神终将立于其他诸国之前"。"上帝创造人类"，而尼采则要"改良"人类，"重塑"人类。不同的只是，上帝没有种族歧视，而是宣扬"上帝面前人人平等"，而尼采却是位狭隘的民族主义者，对日耳曼民族关怀备至，称日耳曼人为其所谓"选民中的选民"。

后来，尼采的这种思想被德国垄断资产阶级推行殖民主义、霸权主义和军国主义所利用，对后来法西斯主义在德国的出现也产生了一定的影响。

永恒轮回说

尼采提出了"超人"和超人等级的至高无上性，但人如何才能成为"超人"？尼采认为，只有"永恒轮回"才能给人以最终的选择，是选择自我否定、自我毁灭，失去精神的强健和自由，还是选择自我肯定、自我强化，重新获得精神的强健和自由？因此，只有进入"永恒轮回"才能实现"超人"。可见，永恒轮回成为超人诞生的有效途径和最终归宿，也成为超人政治哲学理论体系的有效补充。

世界的发展变化伴随着的是一个持续生成，即一个事物的消失必然伴随着另一个事物的产生。这样就容易使人追问：事物从何而来，又去向何处呢？基督教的回答是，万事万物皆为上帝创造，最终也要通过上帝的审判，人们走向"天国"。启蒙思想家则指出，人类的发展史是一种机械式的直线运动，是由不断否定愚昧趋于理性的过程。尼采对基督教和理性主义的观点并不认同，提出了针对性的学说——"永恒轮回"学说，用以解决事物来自何方，去向何处，归于何地的问题。海德格尔曾评价尼采的"永恒轮回"学说，"尼采关于相同者永恒轮回并不是其他学说中间某一种关于存在者的学说，它源于一种争辩，一种对柏拉图——基督教思想方式及其影响和现代滥觞的争辩"。尼采把它看作"人所能达到的最高肯定公式"，从本质上讲，它属于一种世界观假说，是"超人"得以实现的理论假设。

"假如恶魔在某一天或某个夜晚闯入你最难耐的孤寂中，并对你说：'你现在和过去的生活，就是你今后的生活。它将周而复始，不断重复，绝无新意，你生活中的每种痛苦、欢乐、思想、叹息，以及一切大大小小、无可言说的事情皆会在你身上重现，会以同样的顺序降临，同样会出现此刻树丛中的蜘蛛和月光，同样会出现现在这样的时刻和我这样的恶魔。存在的永恒沙漏将不停地转动，你在沙漏中，只不过是一粒尘土罢了！'你听了这恶魔的话，是否会瘫倒在地呢？你是否会咬牙切齿，诅咒这个口出狂言的恶魔呢？这是尼采为世人第一次描述"永恒轮回"，在他看来，"世界存在着，它是不生成的，不会逝去的。它靠自身生活，因为它的排泄物就是它的食粮。'而且'作为力量的世界不允许人们对它作无限的设想，因为它是不能够如此设想的——我们不认为同'力量'这个概念相互不相容的无限力量的概念"。"万物方来，万物方去，存在之轮，永远循环。万物方生，万物方死……万物消灭，万物又新生。"尼采的这种"永恒轮回"思想使人感到恐惧，一切都相似，无物有一刻的价值，智慧使人窒息……你所倦怠的渺小的人类也永远循环。这"引起我对一切存在的厌恶"，因此，"永远之路是曲折的"。但尼采并没有放弃，他要做永恒轮回的教师，他要宣讲："大地和世人的伟大正午，让我再对世人告知超人的讯息。"他要让世人感悟到战胜痛苦的乐趣，在永恒轮回中，只有经历和感悟磨难与痛苦的人，才能意识到磨难与痛苦对生命质量的提高所起的重要作用，才能摆脱空虚与虚无，体会生命和生活的价值和意义。

"我将跟这个太阳、跟这个大地、跟这只鹰、跟这条蛇一起回来——并不是回到一个新的人生或是更美好的人生或是相类似的人生——我将永远回到这同样的、同一个人生，不管是在最大的或是最小的方面，让我再宣讲一切事物之永远回归。"这一思想对弱者来说是一种恐怖，而对强者如查拉图斯特拉来说，则是一种智慧，它使人更加珍爱生命，更加注重提高生命的质量。尼采的永恒轮回思想对西方现代和后现代思想产生了深刻的影响。

首先，"永恒轮回"说是以权力意志论为基础的世界观，他反对基督教和其他学说关于世界发展的目的论阐释。在尼采看来，世界的发展是权力意志毁灭与生成的无限轮回的过程，而世界本身既不能凭空生成，也不会自动消失。这样一来，"上帝创造了人类"的观点则成了无稽之谈，尼采从生成源头上把人类从神学中解放出来，使其产生的根源具有了独立和自由。对于理性主义的"机械运动"来说，如果这种猜想是真实的，那么在权力意志无限运动过程中它应该早就实现了，但事实是现在还没有实现。因此，尼采借"永恒轮回就是我们唯一把握的确定性，用来充当一大堆可能出现的世界假说的矫正"。虽然，永恒轮回也只是一种理论假设，但它对基督教神学"上帝创造了人类"和理性主义的"理性至上"起到了反驳的作用，维护了世界的自然属性。

　　其次，"永恒轮回"说提出感性事物每时每刻都存在，这就揭示了超越时间性的理论假设是一种空想与猜测，毫无根据。永恒轮回学说认为整个世界是一个永恒变化着的世界，任何时间的感性事物即使是变化了，甚至是毁灭了，但它不会从此消失得无影无踪，相反它会在将来的某一时刻出现。这就从理论上驳斥了"真理"和"上帝"的永恒性，否定了理性主义和基督教赖以存在的基础。尼采用"变化永恒"替代了"永恒不变"，即理性和上帝固化的长存与永恒被尼采的变化的流动的永恒所替代。尽管它有诸多的缺陷，但它在试图使人们摆脱生命的虚无和生活的无意义方面起到了一定的积极作用。但后来的学者们并没有完全理解尼采"永恒轮回"的意境，把"超人"学说与"永恒轮回"说对立起来。更有甚者认为，超人倡导人们超越，而永恒轮回则"是尼采为人类设制的一个巨大无比的铁笼，他要在这铁笼中进行一场困兽犹斗的抗争"，它"剥夺了我们创造价值的行为，超越被命运之爱所代替"。尽管海德格尔极力地为"永恒轮回"平反，"今天的尼采的解释使得永恒轮回学说丧失了它的指导意义，并且因而使得自身最终不可能获得对于尼采形而上学富有成果的理解"。尼采的"永恒轮回"不但没有否定超越性和创造性，相反，它主张生命的超越和提

167

升，并且把这种超越和提升界定为一种永恒。"世人永恒回归！小人物永恒回归！"这种轮回注定赋予人生以创造和欢快的意义。

最后，"永恒轮回"激发人的创造性，激励人们实现"超人"。在尼采那里，超人的实现是要经历百般磨难的，尼采把这一过程形象地描绘成"精神的三段变化"，即"精神怎样变为骆驼，骆驼怎样变为狮子，最后狮子怎样变成孩子"。但超人的"最重负担"并不是这一艰辛的蜕变，而是生命的有限性。既然生命是有限的，而且是短暂的，终归要死去，那么人的努力又有什么意义呢？这样就容易使人丧失斗志与追求，盲目地追求刺激与享乐，失去人的本质和生活的意义。他们甚至嘲笑："你把自己向空中抛掷得很高——但是，一切被抛的石块，必得落下！你把石块抛得很高——但是它会落在自己的头上！"尼采为了使人们在失去"上帝"之后，不至于沦落到"无家可归"的地步，为了赋予生命以价值和生活的意义，为了使人们相信"超人"，朝着"超人"的方向努力，提出了"永恒轮回"这一理论假设。因此，尼采的"永恒轮回"是对人们实现"超人"的激励，是治愈"一切都空虚、一切都一样、一切都完了"等疑难杂症的良药。

"永恒轮回"与"超人"之间的关系问题是尼采思想的

核心问题，如果我们不能清楚地理解二者的关系，那么我们对尼采"永恒轮回"学说的讨论也只能是片面而模糊的，甚至是似是而非的。按照海德格尔的说法，如果不搞清楚这两者之间的关系，那么，我们就永远不可能真正地知道查拉图斯特拉究竟是谁，以及究竟宣扬什么学说——自然我们也就无法透彻地理解"永恒轮回"以及"超人"的真正内涵。

尼采虽然在《瞧！这个人》中强调说"永恒轮回"是其最重要著作《查拉图斯特拉如是说》的"基本思想"，但是，查拉图斯特拉下山以后所说的第一句话是：我教你们"超人"，并且第一次演讲所说的也完全是关于"超人"的思想，至少在表面上与"永恒轮回"无关。不仅如此，《查拉图斯特拉如是说》的第一卷和第二卷的主题就是超人。在第一卷里，查拉图斯特拉最后所说的是："所有的上帝都已经死了，所以现在我们渴望超人在世！——在伟大的正午，这就是我最后的意志！"第二卷开头的主题依然是超人："从前，人眺望远方的海就要谈论诸神，可现在我教你们谈论超人。"并且在"论毒蜘蛛"和"论人间的智慧"这两篇里，作为第二卷的主题的"超人"，再次得到了进一步的回应。甚至在第三卷的"论旧榜与新榜"里，"超人"的思想也同样是如此强烈："我也在那里从大道上拾起了超人这个字，也看出人是必须超越的一种东西。也看出人是一个桥梁，而不是一个目标，那欢喜于自己的正午和黄昏的人，是把它当作远到新的黎明的进程。"在最后的第四卷里，查拉图斯特拉也是一唱三叹地宣称："你们高人们哟！前进吧！向上前进吧！此时此刻，高山正在忍受着分娩人类未来的阵痛！上帝死了，现在我们热望着——超人在世！"可以说，相对于"永恒轮回"来说，"超人"的思想更像是贯穿整个《查拉图斯特拉如是说》这部著作的主线。

可如何才能创造出"超人"？尼采认为，要用"铁锤"来实现创造：超人只是一个沉睡中的"最坚硬、最丑陋的石头"中的"一个形象中的形象"，只有强有力的石匠手中比之更坚硬的铁锤才能锻打这"囚禁着这个形象的硬壳"，才能锻打出"超人"。但这锻打和创造超人的"铁锤"究竟又是什么？

查拉图斯特拉并没有直接给出这一问题的答案。但在一则题为"永恒轮回——一种预言"的笔记里，尼采则直言不讳地指出，这锻打和创造出"超人"的"铁锤"就是"永恒轮回"的学说。"超人"和"永恒轮回"二者之间，不仅不存在什么矛盾，相反，前者必须以后者为基础和前提。没有永恒轮回学说作为筛选和驯化的铁锤，超人就永远只能是一个影子，一个美丽的影子，被囚禁在"人性的、太人性的"顽石之中，不会"向我走来"，向现实走来。只有在"伟大的正午",当永恒轮回剔除了所有自我消解、自我否定的消极反动的力,并把真正自我建构、自我肯定的积极、创造的力培育成"只是渴望它自己,渴望永恒,渴望轮回,渴望万物永远如此",培育成歌唱着"再来一遍,乃至所有的永恒"的"回环曲"的力之后,超人才会诞生。因为超人是所有积极肯定的力的集合,是"存在着的东西的最高形式",是"代表选择的存在的类型"。没有永恒轮回的筛选和驯化,人类就不可能达到存在的最高形式,就不可能创造出超人。"超人"作为存在的最高形式,本身也要求自身的永恒轮回。所以这两种学说根本不对立,更不存在你死我活的关系。用查拉图斯特拉的话来说,它们彼此之间并不是一个征服另一个的"猎人"和"猎物"的关系,相反,它们必须是一种"朋友"关系。也正是在这个意义上,在"新痊愈者"篇中,查拉图斯特拉宣称自己即使在死了之后,还会"跟着这个太阳、跟这个大地、跟这只鹰、跟这条蛇一起回来——并不是回到一个新的人生或是更美好的人生或是相类似的人——我将永远回到这同样的、同一个人生,不管是在最大的或是最小的方面,让我再宣讲一切事物之永远回归——让我再宣讲大地和世人的正午,让我再对世人告知超人的讯息"。查拉图斯特拉永远在轮回回来之后,再次宣讲的既是永恒轮回,又是宣告超人——这就最有力地证明了,永恒轮回和超人这两个学说之间是如此互为一体，如此密不可分，以至于它们二者之间的这种关系也是永恒轮回着的。

"永恒轮回"学说的提出，推翻了基督教和理性主义赖以存在的基础，使"超人"政治哲学成为一个完整的体系。但从社会发展的角度来看，按尼采所言，如果说社会在进步中，毋宁说它在退步中。因为整个动植物界都处于一种相互倾轧、彼此对抗的状态，而且最完善、最复杂的动植物往往易于死亡，而低等类型的动植物反而具有比较稳定的性质……社会进步是一种虚妄的理想，它是由思想家杜撰的，社会的美好完善的境界永远无法达到。因此，尼采构想人类已经被完全封闭在"时间"和"存在"的车轮之中，其发展也只能是重复已经走过的阶段，只能是永远的循环，绝无人类历史的进步可言。社会的发展只能是历史的循环，从原始社会到奴隶社会，再到封建社会，最后到资本主义社会，以此循环反复。社会不可能再有其他的进步，不可能跨越资本主义社会进入社会主义社会和共产主义社会。

第 9 章

永不孤单的影子

尼采为后人留下了一部部的巨作和充满开创精神的思想。任何一个没有偏见的人拿起他的著作，都会发觉它们才气横溢、光彩夺目、豪气冲天，这些著作对后世产生了巨大的影响。

最后的岁月

在完成《查拉图斯特拉如是说》之后，尼采放松些许，终于有了休养一段的时间。尼采对这部作品的期望很大，他希望通过此很好地阐述自己的思想，自然花费在它身上的时间和心血也比较大。但事与愿违，也许是写作时过于疲劳，也许是这巨著的完成让他绷紧的弦一下松下来了，注意力开始转向自己的健康状况。他时不时地头痛、呕吐，剧烈的头痛和不间断的咳嗽折磨得他连续七十二小时都无法睡觉，父亲的过早去世，使他开始担心自己的生命。后来，在其自传《人性的，太人性的》的一开头就写道："在我父亲生命衰老的同一年，我的生命也开始衰老，在我 36 岁的那一年，我的生命力到了最低点——我仍然活着，可是我看不到我面前三步远以外的地方。那个时候（1879），我辞去巴塞尔大学的教职。整个夏天，像幽灵一样住在圣慕尼兹。而冬天，也是我生命中最低暗的时期，也是像幽灵一样住在伦堡。"为此，尼采曾专门拜会过一位资深的医生，但情况却令人费解。医生在给尼采做了全面的检查后并没发现他的身体有什么异样，当然也没有找到他病痛的缘由。尼采对此安慰自己道："一个在本质上属于病态的人根本不可能变为健康的，靠一个人自己的努力去变成健康，那更是不可能的，另一方面，对一个内在健全的人而言，疾病甚至可以作为生命的有力刺激品，作为生命旺盛的刺激品。我就是以这种态度来看我长期的疾病，我好像重新发现了生命。我在某种方式之下，尝试过一切美好甚至惊奇的东西，可是别人在同样的方式之下，却无法得到它们——从我的健康和生命意志中，我创造了我的哲学……由于，我希望这一点能为人了解，所以就在我生命力最低落的那年中，我不再是悲观主义者了，自我恢复的本能不容许一种贫乏和绝望的哲学。"我们可以理解，尼采的"健康"是靠他坚强的意志维持的，起码他自己是这样认为的。

老母亲看到儿子的境况很是担忧，希望尼采能够尽快成家，这样一来可以得到体贴的照顾，也有个好的归宿。对于来自母亲的催促，他写信明确表示："您的儿子不适合结婚，我所需要的是保持独立直到生命的最后一刻。"但这并不代表他不想得到家庭的温馨，特别是这样一位占有欲极强的"超人"。闲暇之余，在给朋友的信中尼采道出了他的心声："由于你的妻子，你的生活比我的现状要强一百倍，你到底是有了一个窝，而我有的仅是一个山洞。"尼采渴望得到一个窝，一个属于自己的窝，但事实上尼采失去了建立家庭的勇气。他的朋友曾多次为他创造机会，但都是无果而终，原因则是"没有感觉"，也许是与莎乐美的那段美好而悲惨的爱情还在隐隐作痛。

否极泰来，尼采在生命的后期迎来了"破冰"的春天。1886 年 8 月，《悲剧的诞生》再版，为此他写了一篇题为《自我批判的尝试》的序言，主要内容是对自己过去部分观点的否定与批判。不久，《人性的，太人性的》也获得再版。在序言中尼采写道："人只有在不能保持沉默时才要说话，而人要说的只能是关于他所征服的世界。一个正在受苦的人没有权利采取悲观主义的态度。"寓意自己正在承受的孤独与痛苦是成为超人的种种考验。1887 年年初，丹麦文学评论家、文学史家勃兰兑斯在丹麦首府的哥本哈根大学开设"德国哲学家弗里德里希·尼采讲座"。首次演讲，演讲厅里几乎座无虚位。第二次听众则多达三百余人，演讲厅的过道里和后面都站满了人。哥本哈根著名报纸还对此作了相关的报道。不仅如此，美国的著名记者卡尔·诺尔兹在美国的报纸上开始介绍尼采和他的思想，并准备为他写一部个人传记，但为了避免被人误解，尼采委婉地拒绝了。这一切让尼采感到非常欣慰，仿佛"不属于我的时代"即将过去。

在《查拉图斯特拉如是说》中，他写道："我飞入未来太远了，恐怖袭击我。我望望四周，看啊！时间是我唯一的旅伴。"他无奈地说："我的时代还没有到来，有的人死后方生。"尼采相信未来，相信自己"工作的伟大性"和同时代人的渺小性。他完成的工作在他以前没有人做过，之后也不会有人做到。而他自己也相信"总有一天我会如愿以偿。这将是很远的一天，我不能亲眼看到了。那时候人们会打开我的书，我会有读者。我应该为他们写作"。而此时，他的时代已开始萌芽，在丹麦、美国已经看到了春天的脚步。

此时，尼采的生活依然很艰苦，住在租来的一家小农舍里，房屋简陋，设施极其简单："一侧放着大部分我从前就熟悉的书，然后是一张土里土气的桌子，上面乱七八糟地放着咖啡杯、鸡蛋壳、手稿和盥洗用具，这种混乱状态经过一个里面插着靴子的脱靴器一直延伸到还没有整理的床铺。"这个地方，在他写作时候给了他安静环境和与大自然亲密接触的机会，但这对一位原本身体虚弱的文弱书生而言未免过于简朴。后来他的朋友多伊森来看望他，看到的却是这样一幅景象："他再也没有以前那种高傲的神情、敏捷的步伐、流畅的语言。他只是费力地、有点儿向一边倾斜地移动着身躯，说起话来慢慢腾腾、结结巴巴……我们下榻在简朴的玫瑰饭店，以便稍事休息，一小时后回去。还没到一小时，我们这位朋友便来敲我们的门，柔和细心地来询问我们是否疲劳，并为他有可能来得过早而道歉。我之所以提及这一点，是因为这样一种关心、体贴他人的情况并不符合尼采的性格……当我们彼此道别时，他的眼眶里浸满了泪水。"往日的尼采是那么神采奕奕、踌躇满志，如今都已成为过眼云烟，留下的只有患有疾病的身体和怀才不遇的悲凉。

1889 年 1 月 3 日早晨，尼采正在都灵街上散步时，看到一位残忍的马夫正一手拽住缰绳，一手拿着鞭子狠狠地抽打一匹马。精神脆弱的他又是哭又是喊，流着眼泪扑上前抱住马的脖子，结果重重地摔倒在地上，昏了过去。房东把尼采带回了他的住所，他昏迷了两天两夜，醒来时开始出现精神错乱的症状。这时，他不断地给朋友写信，信中经常出现梦呓般的言语："给我唱一首新歌，世界变形了，天上充满着欢乐。"搞得朋友有点莫名其妙。署名更是混乱，"狄俄尼索斯""尼采——恺撒""被钉在十字架上的人"等。为了帮助他，他的朋友奥弗贝克专程赶到他的住处，送他去巴塞尔的精神病院。医生诊断为精神错乱症。诊断书上写道："瞳孔有差别，右大左小，反应很迟钝。斜视，集中于一点。高度近视。舌苔厚，无偏视，肌肉无震颤！面神经分布很少障碍……膝反射增高……无正确的疾病知觉，自我感觉极好，感到高兴。据称八天以来有病，常患剧烈头痛。这种病也发作过几次，其时病人自我感觉很好，感到高兴，最喜欢在街上拥抱所有的人，同他们亲吻，最喜欢从围墙上向高处爬。"几天后，尼采的母亲从家乡瑙姆堡赶来，看到儿子这副模样，禁不住潸然泪下。母亲把尼采带到了德国耶拿，住进了耶拿大学精神病所，后搬到租赁的小房子内。1893年，尼采几乎不能走动，终日坐着发呆。1894年10月15日，朋友多伊森为他庆祝五十岁诞辰时，说："我清晨就去了，因为我不久以后就得动身。他母亲把他带进来，我向他问好，祝他生日快乐，同时递给他一束鲜花。对这一切他毫不理解，只有鲜花引起他片刻的兴趣，然后也把它放到了一边。"1897 年 4 月 20 日，母亲带着深深的眷恋和不安离开了人世。这位从 25 岁起守寡的苦命女人，直到临死的那一刻，依然为儿子操碎了心。母亲去世后，妹妹伊丽莎白再一次承担起了照顾哥哥的责任。但此时的尼采境况更加糟糕，"他睡在一张沙发上，僵直的头一动不动，似乎它对脖子来说实在太重了，半个头向右侧坠下。他前额饱满，散乱的深棕色头发，同样散乱的髭须；眼睛下面，宽而深棕色的眼眶深陷在眉毛下；在他暗淡无神的、肌肉松弛的脸上，还有由思维和意志所挖掘出的横纹，不过似乎看不大出来了，渐渐地趋于平坦了，表现出无限的倦意。他双手蜡黄，血管是绿紫色，还有些肿胀，和一具尸体相差无几。靠着沙发有一张桌子和一个高背靠椅，以免笨重的身体由于活动不灵而跌落下来。他因闷热的空气而疲惫不堪。他的妹妹一再爱抚他，亲昵地叫着'亲爱的，亲爱的人儿'，还是唤不醒他。如此看来，他不像是个病人或一个精神病患者，而是更像个死人。"就这样他挣扎了十年。1900 年 8 月 25 日，这位伟大的思想家悄然离开了人世。妹妹伊丽莎白记录了当时的情况："1900 年 8 月 24 日，哥哥突然患感冒，发高烧，呼吸困难，似有肺炎的并发症。忠诚的医生想尽可能消除他的痛苦，但两三天后，医生已经知道无力挽回了。当日正午，我和哥哥相对而坐，他的面容突然改变，激烈的发作再度袭来，哥哥终于失去意识倒下。就在这时，可怕的雷雨漫天盖地而来，似乎这个高贵的灵魂，已随着雷电，先升登天堂。黄昏时分，他吐出一口气，意识也有恢复的征兆，好像想说些什么。次日凌晨二时，我请他吃一些食物，他似乎看得见我，示意我把灯罩移到一边，高兴地叫我'伊丽莎白'，我满心欢喜，以为他的危险期已经过去。然后他睡了很长的一段时间。我一直祈祷，但愿这是复原的熟睡。但那高贵的面容突起变化，转为深浓，他再一次睁开那双宽阔、湿润的眼睛……安详地、无忧无虑地，向四周投下严肃的一瞥，然后轻轻合拢，永远闭上了。"

教堂的钟声敲响了，朋友们怀着敬意走过他的棺木。按照他生前的交代，没有请牧师到墓前祈祷，朋友们为他写了悼词——"让他的遗体安心罢！他的英明将对一切来者都是神圣的。"就这样，"太阳是落下去了，但我们生命的天空还因为他而光耀、辉煌，虽然我们看不到太阳"。

备受争议的老者

死后享誉的人（譬如我）比起合时宜的人来，被人理解得较差，但更好地被倾听。严格地说，我们从未被理解——而我们的权威即由此而来……

180

> 每当我想到那些没有正当理由的、没有做好准备理解我思想的人，却要从我这里寻找权威时，我就会不寒而栗。
>
> ——尼采

为了避免被人误解，他委婉地拒绝了美国记者为他写传记的请求，自己写了自传体著作《瞧！这个人》，并在序言中提醒人们："听哪，我是这样一个人，别将我和别的任何人混淆了！"尼采清楚自己的著作容易使人误解，对此他做过估计，"我们可曾为我们的被误解、误认、混淆、诽谤、误听和置若罔闻而抱怨过？这正是我们的命运。还要延续多久呵，我们姑且谦虚点说，到1901年吧。这也正是我们的优异，倘若我们希望另一种样子，我们未免太缺乏自尊了"。他预料到了后人对他的误解，但没有预料到误解的时间竟如此之长。直至今天，尼采仍是近代备受争议的哲学家。

在众多争议之中，备受关注的是尼采与法西斯主义的关系。有人认为尼采是法西斯主义的思想先驱，尼采之于法西斯主义，犹如马克思之于共产主义；也有人认为尼采是被法西斯主义者奉为了思想先驱，是他们歪曲了尼采的思想，利用了尼采的理论。那么，尼采究竟如何与法西斯扯上关系的，事实又是如何呢？

尼采生命的后期，妹妹伊丽莎白掌控了哥哥著作的编辑和出版权益，在整理尼采的文稿方面作出了不可忽视的贡献，但也产生了一定的负面影响，主要是她私自篡改尼采的思想，并把其中的思想神圣化和法西斯化。伊丽莎白对尼采著作的篡改主要有三个方面。一是，尼采的精神病病因问题。尼采的朋友奥弗贝克根据医生的诊断，认为尼采是由于早年时候的一次召妓而染上了梅毒才导致了精神病；伊丽莎白坚持认为哥哥是由于中毒才患上精神病的。两人在报纸上争论不休，最后不欢而散。二是，对自己和丈夫不利的东西，伊丽莎白选择了隐瞒。尽管伊丽莎白和尼采是兄妹，但二人在思想方面存在着较大差异。加上她在尼采与莎乐美恋爱问题上的所作所为和丈夫福斯特反犹太的狂热，尼采对他们夫妇很是反感，在言论上不免有所表现，所以伊丽莎白选择了隐瞒。三是，对尼采著作的篡改。出于对利益和虚荣心的追求，她"最大歪曲"和"滥用"尼采的著作，使尼采的思想能与当权者的需求结合起来，以便博得当权者的"恩重"。特别是《权力意志》一书，此书在尼采有生之年没有能够完成出版，只留下零散的断语和语句五百多条，伊丽莎白则把它扩充到一千零六十七条，并对顺序进行了重新编排。可以说，它的出版为纳粹全面汲取和利用尼采的思想铺平了道路。第一次世界大战初期，伊丽莎白就极力用尼采的权力意志与超人的思想来阐释德国战争的胜利，并把德国战争的胜利看作尼采思想的胜利。自 20 世纪 50 年代以来，这些都已由里夏特·罗斯、卡尔·施莱希塔和玛齐诺·蒙梯纳里等人考证查明。

法西斯头子墨索里尼和希特勒从尼采的思想中看到了希望，于是盯上了伊丽莎白——掌控着伟大思想的世俗女人。他们用金钱的"捐助"和充分的"尊敬"换来了"敕封"的"超人"头衔和她笔头的倾斜，称墨索里尼和希特勒是尼采梦想中的伟人。

法西斯把尼采思想作为"国家社会主义"的理论来源之一。他们宣称："如果德国要想成为欧洲的征服者和领导者，德国人就得追随'尼采的精神'。"在法西斯机关刊物《国家社会主义月报》创刊号上他们写道："国家社会主义政治运动和尼采哲学的共同点在于二者的世界观基础相同。尼采在自由主义时代所提倡的确定不移的英雄新道德，正是我们的东西。"纳粹领导者们也声称自己是尼采的崇拜者和学生，就这样尼采和他的思想成了纳粹宣传的工具，被"拿"进了法西斯主义之中。

事实上，尼采和法西斯主义毫无联系。在其著作中，尼采多次批评德国文化及由它所造成的民族性格，对铁血宰相俾斯麦的强权政治和武力扩张更是嗤之以鼻。他说："……

我们久已不算是'德国的'了，就'德国的'这个词在当今所流行的和被赋予的意义而言，我们不向民族主义和种族仇视说这个词，不能容忍民族的心灵生疮、血液中毒，而眼下欧洲各民族正因之而如同防止瘟疫一样彼此隔离和封锁……我们宁可隐居山林，袖手旁观，'不合时宜'，神游于以往或将来的世纪，借此我们才能平息内心的愤怒，这愤怒起于我们意识到我们被判定为一种政治的目击者，这种政治使德国的精神荒芜，又使他自命不凡，并且是一种渺小的政治……在今日德国这成了德国信念的标志，而且在这'历史意识'的民族身上令人觉得加倍虚伪和不正派。"他自称自己是"卓越德国的蔑视者"，为自己具有高贵的波兰血统而自豪。尼采也并非一个反犹太主义者。他对犹太人的素质给予高度的评价，并对两千年来歧视犹太人的做法深为不满。为此，他反对妹妹与福斯特结婚，理由是福斯特是一个狂热的反犹主义者。

尽管如此，法西斯主义者为了达到自己的目的，想尽一切办法歪曲尼采的思想并加以神化。第二次世界大战爆发后，德国纳粹士兵几乎人手一本尼采的《查拉图斯特拉如是说》，它成为德军兵营里神圣性仅次于《圣经》的读物。尼采自然也像上帝一般成为纳粹士兵的精神支柱。

二战结束，法西斯主义如过眼云烟。人们在清算法西斯主义给人们带来的伤痛的同时，当然也忘不了曾被法西斯称为"先驱"，尽享法西斯香火的尼采。有人认为："尼采和希特勒都有一种病态的利己主义，都有一种使命狂、天才狂、自大狂和自我神话。两人都在人格上有严重缺陷，道德败坏、寡廉鲜耻，而且二者在思想观念上也非常相似。"政治上的震动也波及学术界。著名西方哲学家罗素在其名著《西方哲学史》中说："尼采虽然是个教授，却是文艺性的哲学家，不算学院哲学家。他在本体论或认识论方面没创造任何新的专门理论；他之重要首先是在伦理学方面，其次是因为他是一个敏锐的历史批评家……正是他的著作的这一面使他有了影响。"显然，这是在有意贬低尼采的哲学思想。罗素认为尼采的哲学思想中"许多东西仅仅是自大狂，一定不要理它"；尼采的学说"不叫一种哲学"，只不过是关于某个人的传记事实。最后，他毫无隐讳地表达了对尼采的看法："我厌恶尼采，是因为他喜欢冥想痛苦，因为他把自负升格为一种义务，因为他最钦佩的人是一些征服者，这些人的光荣就在于有叫人死掉的聪明。"美国著名哲学家和哲学史家弗兰克·梯利更是厉害，他直接把尼采赶出了他的《西方哲学史》，其中的蔑视可见一斑。

当然也有人为尼采打抱不平，法国的评论家伊波利特·泰纳、丹麦的历史学家勃兰兑斯、瑞典伟大的戏剧家奥古斯特·斯特林堡、德国大学著名教授赫伯特·曼纽什等都对尼采的思想给予了肯定。赫伯特·曼纽什说，在他那个时代，他是一个具有破坏性的思想家；他的著作中有很多过激之词，他的学说在当时并未被人理解；有些学说如"超人"说等还被人误解了，以致他不得不一再加以解释，至于后世某些人对他的学说的歪曲和误解就更多了，譬如纳粹确曾利用尼采著作中的某些不妥当的说法，吹捧过尼采，但只要你认真研究就会发现，从根本上讲，那是纳粹对尼采学说的滥用与歪曲，而决非尼采的本意，这颇有些像不论什么人都可以根据自己的需要引用《圣经》一样。他主张，我们评价尼采思想时，要注意将尼采著作中的某些过激不当之词与他整个思想的主导方向及其基本倾向区别开来。曼纽什教授还明确认为尼采的学说与法西斯主义毫无共同之处。若认为尼采学说中有些"非人性"的学说，因此尼采与纳粹主义有密切联系，那是一种误解。他说："尼采提出生命意志与超人，目的在于确认自由、确认个人、确认人的真实生活。反观法西斯主义则是搞专制独裁，信奉'政治天才'，扼杀人性，强制你接受某种思想，实行思想禁锢……这正是尼采所最反对、最痛恨的。他希望人们在评价尼采时，要注意将尼采著作中的某些过激不当之词与他整个思想的主导方面及其倾向区分开来，把真正的尼采哲学思想与被纳粹歪曲和神化了的邪说区分开来。1986 年，联邦德国史学家戈奥尔格·奔索发表《论尼采非纳粹化问题》，文中指出："如果在第二次世界大战之后对尼采与民社主义的关系重新研究……那么，则关系到在何种程度上澄清尼采的"非纳粹化"问题。自 20 世纪 60 年代以来，连续出版了《尼采全集新校勘本》《尼采研究·尼采研究国际年鉴》和众多有关尼采或注释尼采思想的文章和著作，出现了尼采研究复兴的迹象。总起来讲，西方资产阶级学者否认尼采与纳粹主义之间的关系的理由有三：第一是尼采的妹妹对尼采的文章和书信进行了篡改；第二是尼采哲学中存在着与法西斯主义对立的东西；第三是强调以本体论来理解尼采的哲学。

在国内，很多学者对尼采思想的研究作出了很大的贡献，诸多学者对误解和歪曲尼采思想进行了批判。张汝伦认为，把尼采看作"法西斯主义的思想先驱""垄断资产阶级疯狂的代言人"是骇人的恶语，这种"偏见比无知离真理更远"。之所以产生这种误解和偏见是"由于第三帝国那些信奉'谣言的重复就是真理'的理论家们对尼采著作的歪曲和别有用心的解释"。另外，由于尼采同时是一位语言学家，他的文章经常以散文诗形式出现，里面包含大量的格言、寓言和比喻。这些言语的真实意思不容易把握，也是产生误解的一个重要原因。陈鼓应则对 20 世纪 50—60 年代苏联学者对尼采的误解进行了批判和论述。周国平先生则把尼采被误解的缘由归结到伊丽莎白的篡改和法西斯的利用。

对于尼采与法西斯的关系，我们应该坚持用马克思主义哲学来分析，澄清尼采思想的真身和被歪曲与误解的事实，尽力还原尼采思想的本真。

开启西方哲学的一扇门

"他走向何方？有谁知道？只知道他消失了。"尼采留下的是一部部的巨作和充满开创精神的思想。任何一个没有偏见的人拿起他的著作，都会发觉它们才气横溢、光彩夺目、豪气冲天，这些著作对后世产生了巨大的影响。他以非凡的勇气和惊人的洞察力轻而易举地颠倒了各种公认的观念，奚落了一切美德，赞扬了所有的邪恶，颠覆了西方基督教道德思想和传统的理性价值，揭示了上帝死后人们所面临的精神危机。尽管他主要以散文、格言和警句的形式来表达自己的思想，并没有建立一个封闭庞大的哲学体系，但如雅斯贝尔斯所说，尼采和克尔凯郭尔给西方哲学带来了战栗，而这战栗的最后意义尚未被估计出来。20世纪初的整整一代思想家和艺术家都在尼采的著作中找到了那些激发他们富于创造性作品的观念和意象。他的思想深深地影响了如雅斯贝尔斯、海德格尔、柏格森、萨特和马尔卢等一大批著名的思想家；他的著作不仅在德、法语区域闻名遐迩，而且还流传于遥远的北美、南美、亚洲、大洋洲、非洲。在现代哲学发展中，但凡非理性主义的派别，例如生命哲学、存在主义、实用主义、精神分析学说等都能从中看到尼采的影子。他的思想俨然成了现代思想的一座巍然耸立的里程碑。

生命哲学家狄尔泰认为生命是世界的本源，生命不是简单的身体活动，不是实体，而是一种不能用理性概念描述的活力，是一种不可遏止的永恒的冲动，是一股转瞬即逝的流动，是一种能动的创造力量。它既井然有序，又盲目不定，既有一定方向，又不能确定。他还把世界分为两个部分："一部分是每个生命的魔鬼般的力量，另一部分是精神形式的神圣的持久的力量。"他还把经验作为生命的事实，哲学则以经验为出发点。齐美尔继承了狄尔泰的生命哲学思想，并且使用两个特别的命题来说明生命："生命比生命更多"和"生命超越生命"所谓"生命比生命更多"指生命是一个生生不息的创造过程，生命是一种运动，这种运动是持续不断的。所谓"生命超越生命"指生命有超越生命自身的能力，不断创造出他物。他还提出了两个新概念："增加的生命"和"提高的生命"。柏格森则发展了狄尔泰的生命哲学，他提倡直觉，贬低理性。他认为科学和理性只能是人们真实运动和实在的表层，不能真正把握绝对运动和实在本身，只有通过直觉才能体验和把握到生命存在的"绵延"，是唯一真正本体性的存在。"它使人置身于实在之内，也不是从外部的观点来观察实在，它借助于直觉，而非进行分析。"他还提出和论证了生命的冲动。"生命冲动"既是主观的非理性的心理体验，又是创造万物的宇宙意志。"生命冲动"本能地向上喷发，产生精神性的存在，如自由意志、灵魂等；"生命冲动"的向下坠落就会产生无机界、惰性的物理的存在。从中我们可以看出，无论是狄尔泰的魔鬼力量与神圣力量，齐美尔的"增加的生命"和"提高的生命"，还是柏格森的直觉和生命的冲动，都与尼采的生命意志、酒神精神和日神精神如此相似，可以说在生命哲学中处处都隐含着尼采的言语。

存在主义哲学是受尼采思想影响最大的哲学流派。多数哲学家认为，存在主义起源于两个人，一个是丹麦哲学家祈克，另一个就是弗里德里希·威廉·尼采。尼采的非理性学说对存在主义哲学产生了深远的影响。美国哲学家考夫曼说："存在主义的演进过程中，尼采占据着中心位置：如果没有尼采，雅斯贝尔斯、海德格尔和萨特是不可思议的。"雅斯贝尔斯、海德格尔和萨特是存在主义流派之中最重要的三位人物。他们是尼采的崇拜者，其学说和理论深受尼采思想的影响。雅斯贝尔斯曾出版了一部关于尼采的鸿篇巨著《尼采和基督教》，并在以后的著作中曾多次谈及尼采。尼采对前苏格拉底学派的创见性的赞许，在雅斯贝尔斯的哲学著作《世界观心理学》中得到重视，他说："我这样做，部分是因为尼采将前苏格拉底派描述为伟大的超时代的哲学类型。"尼采在《悲剧的诞生》中所说的，"……科学……很快达到了它的极限，在这里，它的乐观主义……经历着遇难的痛苦，是雅斯贝尔斯热衷使用的一个术语"。"高贵的天才的人们……达到了……问题的突破点，在那里，他凝视着阻碍达到问题之关键的那些因素"，"忽然间，新的洞见破窗而来"。这些语句就像授意写出的雅斯贝尔斯哲学的梗概。海德格尔更是尼采忠实的狂热者，在其著作《林中路》中曾提到尼采的"上帝死了"；1954年专门撰写了《谁是尼采的查拉图斯特拉？》的文章；1961年出版了一套两卷本的关于尼采的大部头著作。另外，他在其他著作中也曾多次提到尼采和尼采的思想，把尼采称为西方最后一个形而上学家。海德格尔对前苏格拉底学派也很感兴趣，实际上，他对前苏格拉底学派的论述远比雅斯贝尔斯更集中、更多。而在罪恶感上，萨特比德国其他任何存在主义者都像尼采。雅斯贝尔斯和海德格尔认为罪恶感在某种程度上是需要的、有用的，它可以指导人们通往真实的世界，而萨特受尼采的影响对罪恶感深感厌恶。萨特在其著作《苍蝇》中对罪恶感的指控众人皆知，他自己也声称《苍蝇》中所论述的道德观不尽然是萨特的，而是尼采的。存在主义之所以对尼采如此感兴趣，究其原因主要有三点：第一是尼采关注的问题也正是存在主义哲学家们关心的问题，二者在研究的本体上有很多地方相同；第二是存在主义者可以在尼采的著作中找到支持其观点的理论基础，从该层面上讲，尼采的思想是存在主义的理论源泉；第三是存在主义的人生体验与尼采的悲剧体验存在着一致性，并在它的基础上提出了"存在先于本质"的哲学命题。如此看来，尼采真可谓是存在主义的思想先驱。

弗洛伊德的精神分析学说也深受尼采思想的影响，特别是尼采独特的心理分析直接启发了弗洛伊德的精神分析说。尼采认为，人的根本既不在他的社会性，也不在他的理性，而是在于他的非理性的无意识状态。弗洛伊德深受尼采的启发，他结合实践经验，发现性压抑是导致精神病发病的主要原因，也因此提出了性本能学说，创立了精神分析法。他还把尼采在其著作中多次提到的病患，例如生命患病、本能衰退等，都给以命名，分析病因。最后他得出本能压抑是现代文明的基础，压抑的最后结果是造成人出现精神病症，由此，弗洛伊德确立了他的精神分析法在哲学史上的地位。

"从哲学的角度上看，可以说尼采、海德格尔和维特根斯坦的哲学构成后现代话语的思想渊源。"其中最有"先知性"的就属尼采。他的著作具有深刻的反叛性，在后现代问题上呈现出惊人的洞察力和预见性，被哈贝马斯称为"进入后现代性"的"转折点"，被后现代主义者视为"后现代性的开端"。

尼采与后现代主义的关系，主要是源于他对现代社会的批判。在尼采的著作里几乎到处都可以看到现代人的"生活的场景"："我们清楚自己投身五花八门的活动，无非是想逃避真正的任务，而我们都乐意在某个地方把头埋藏起来，似乎这样就可以避开长着百只眼睛的良心。我们清楚自己把心交给国家、赚钱、交际或者科学，只是为了摆脱这颗心，而且我们在繁重的日常工作中表现出的热忱和果断，已超出生活之所。我们觉得果断更有必要，人人惊慌失措，因为都在逃避自我；人人都小心翼翼地掩饰慌张，因为谁都想表现得心满意足，想迷惑那些目光较为犀利的观众，使后者看不见他的窘境；此外，人人都需要新鲜而响亮的辞藻，以便给生活增添几分喜庆和热闹。谁都熟悉这么一种奇特的状态：脑子里一冒出不愉快的回忆，我们就能牙咧嘴，大喊大叫，竭力把它们逐出脑际。可是公众生活的表情和喧嚣，让人猜出我们大家始终处于这种状态，始终是畏惧回忆和反省。"

尼采并没有满足于对现代性的阐释上，而是把对现代性的批判作为其哲学的一个重要目标。他在自传《瞧！这个人》中写道："从所有重要的各方面来说，这本书是批判现代性的，包括对现代科学、现代艺术甚至现代政治的批判。"后现代主义宣扬的是"一种'文化批判'的精神，力图打破传统形而上学的中心性、整体性观念，而倡导综合性、无主导性的文化哲学"。它作为一种新事物，在带来积极意义的同时，也被部分人所不能理解和接受。他们把后现代主义看作"虚无主义""颓废主义"等进行极大的批判。后现代主义为了证明自身存在的合理性，积极寻求理论支持。最后，他们找到了尼采，因为他最先宣布"上帝死了"，拉开了批判传统与价值重估的序幕。而且在尼采的著作之中，存在着许许多多对现代性的批判，诸如："对无意义的体验和对作为自我而存在的勇气的体验，二者相结合便构成自本世纪以来的视角艺术发展的关键。在表现主义和超现实主义那里，现实的表面结构被打破了。构成普通体验的范畴已失去了它们的力量。实体范畴消失了；坚实的物体被任意扭曲而变形；事物在因果关系上的相互依存性被忽视了，事物的出现完全是偶然的；时间顺序也没有了意义，某一事件发生于另一事件之前还是之后已无关紧要；空间的维度被归结或分解为令人惊惧的无限性；生命的有机结构被分割成小块，有些小块又被武断地（从生物学而不是艺术的观点看）重新组合起来；画出来的四肢不与躯干相连，而是散乱地分布在四周，色彩也离开了它们的自然载体；心理学进程（**主要指文学而不是艺术**）被颠倒了，人的生活不再从过去到未来，而是从未来到过去，没有节奏或任何种类的有意义的结构。在一个焦虑的世界中，范畴和现实的结构都失去了确实性。如果因果关系突然不再具有确实性，每个人就会感到糊里糊涂。"

"尼采在中国"

尼采的思想不仅是西方哲学思想的里程碑，也深深地影响着近现代的中国。它对近现代中国的影响与西方不同。对西方的影响很大程度上体现在反现代性，而在中国主要体现在现代性上。从梁启超把尼采思想引入中国，这片神州大地先后掀起了三次尼采热。

第一次，是 20 世纪初至 30 年代，特别是"五四"运动前后。

五四运动前后，国内有识之士为了改变国民的懦弱，主动向西方探求精神食粮。尼采思想中的批判传统性正好迎合了时局。1902 年 10 月，梁启超在《新民丛报》中发表《进化论革命者之学说》一文，第一次谈到尼采。"今之德国，最占有势力之二大思想，一曰麦喀士之社会主义，二曰尼至埃之个人主义（尼至埃为极端之强权论者，前年已狂疾死。其势力披靡全欧，世称19世纪末之新宗教）。麦喀士谓，今日社会之弊，在多数之弱者为少数之强者所压服。尼至埃谓，今日社会之弊，在少数之优者为多数之劣者所钳制。"文中的"麦喀士"指的是马克思，而"尼至埃"就是尼采。梁启超还对马克思的社会主义和尼采的个人主义进行了比较，即何种形式的政权比较好，是多数人统治少数人，还是少数人统治多数人？这种比较也就预示了未来马克思和尼采在中国的不同命运——哪一个被选择，哪一个被放弃或者是受批判。

1904年，王国维在《叔本华与尼采》一文中，以文言文的形式翻译了《查拉图斯特拉如是说》中的两个章节，即《灵魂三变》和《小人之德》。之后，他又撰写了《德国文化大改革家尼采》《尼采之学说》等以尼采为研究核心的文章，吸取了不少尼采积极的思想成分，特别是"古今之成大事业大学问者，必经过三种境界"的观点，就是取自尼采的"精神三变"。王国维是国内翻译尼采著作的第一人。到五四运动前后，国内掀起了翻译尼采著作的热潮，知识界翻译尼采著作形成一定规模。

1919年，茅盾根据英国翻译家奥斯卡·列维的《查拉图斯特拉如是说》英译本翻译了尼采《查拉图斯特拉如是说》中最富批判性的两章，即"新偶像"与"市场之蝇"，并说"其中含有几分真理"。第二年，鲁迅以白话文的形式翻译了《查拉图斯特拉如是说·序言》（全部十节）。与此同时，张叔丹也翻译了《查拉图斯特拉如是说·序言》。刘文超翻译了《人性的，太人性的》中的第一卷的第九章"自身与自身之人类"。1923—1924 年的两年间，郭沫若翻译了《查拉图斯特拉如是说》（题为《查拉图司屈拉之狮子吼》）第一卷的全部二十二章和第二卷的前四章，后以《查拉图司屈拉钞》为题单行本出版。1925 年，包寿眉和徐志摩翻译了《超善恶》的部分章节，分别以"哲人之格言"和"超善与恶节译"为题发表。1928 年与 1935 年，林语堂翻译了《查拉图斯特拉如是说》的"走过去"与"市场的苍蝇"两章。1931 年，李金发翻译了《与华格纳之绝交》《我所以反对华格纳》。在鲁迅的帮助与推荐下，梵澄翻译的《尼采自传》于 1935 年 5 月由上海良友图书公司出版，这是尼采著作的首部完整中译本。同年，梵澄还翻译了尼采的《朝霞》《人性的，太人性的》的"启示艺术家与文学者之灵魂"与"宗教生活""苏鲁支语录"，后者于 1936 年由上海生活书店出版单行本。1939 年，梵澄又翻译了尼采的《快乐的科学》一书。

在 1908 年发表的《摩罗诗力说》《文化偏至论》和《破

恶声论》（未完）等三篇文章中，鲁迅多次征引尼采语句或阐发尼采思想。这三篇文章共有八处提到尼采，其中《摩罗诗力说》三处，《文化偏至论》四处，《破恶声论》一处。由于其著作中多次引用尼采的语句和阐发尼采的思想，被当时的人们称为"中国的尼采"。时任《新青年》编辑的刘半农赠给鲁迅一副"托尼学说，魏晋文章"的联语，据说鲁迅自己也认同这副联语的评价。张震欧则在中国学界第一篇研究鲁迅与尼采关系的专文《鲁迅与尼采》中反复申明：鲁迅"受过尼采超人说的影响"，"鲁迅的思想脱胎自尼采"。鲁迅曾多次评述尼采"超人"说，并给尼采定位："若夫尼怯，斯个人主义之至雄桀者矣，希望所寄，惟在大士天才；而以愚民为本位，则恶之不殊蛇蝎。意谓治任多数，则社会元气，一旦可隳，不若用庸众为牺牲，以冀一二天才之出世，递天才出而社会之活动亦以萌，即所谓超人之说，尝震惊欧洲之思想界者也……惟超人出，世乃太平。苟不能然，则在英哲。"对于尼采的权力意志，鲁迅认为："尼怯意谓强胜弱故，弱者乃字其所为曰恶，故恶实强之代名；此则以恶为弱之冤谥。故尼怯欲自强，而并颂强者；此则亦欲自强，而力抗强者，好恶至不同，特图强则一而已。"鲁迅也并非全盘接受尼采的思想，他提出"拿来主义"，主张对尼采的思想进行批判性的使用。

不仅如此，陈独秀在《新青年》发刊词《警告青年》的第一条中就引用了尼采的"主人道德"与"奴隶道德"，号召青年以此作为反对封建礼教的武器。蔡元培也评价尼采"复发明强存弱亡之理"。李石曾也曾说，"细察尼采之思想，实未敢抹杀其真价"等等。尼采的学说在中国的传播掀起了热潮。

总的来说，这次尼采热对中国产生了积极性的影响，对反封建的五四新文化运动起到了一定的推动作用，在唤醒国民的自觉、自强意识，改造颓废、妥协的国民精神中充当了催化剂的角色。

第二次，是 20 世纪 40 年代，抗日战争时期。

近代以来，众多文人志士都看到了中华民族的贫瘠和病态，并试图寻找治病救世的灵丹妙药。从改革派的"洋务运动"到维新派的"戊戌变法"，从革命派的"辛亥革命"到五四爱国运动，出现了李大钊、陈独秀、胡适、鲁迅等一大批有志之士，为谋求民族的强大而出谋划策。他们之中有的主张以暴力革命的形式实现社会制度的变化，有的主张一个一个地解决实际的具体的问题，有的则主张文化革命，吐故纳新。战国策派则宣扬"民族竞存意识"，他们寄希望于"'力'之组织，'力'之驯服，'力'之运用"来突破传统儒家文化和佛道教对民众的束缚，谋求一条救国之路。

所谓的战国策派是一个学术团体，1940年由时任云南大学文学院院长的林同济以及西南联大教授的陈铨、雷海宗等人创办了《战国策》半月刊杂志，7月份因故停刊，同年12月在重庆《大公报》上开辟了《战国》周刊，由这些学者组成的学术团体被称为"战国策派"。他们提倡"大政治"，宣扬"'力'之组织，'力'之驯服，'力'之运用"都是为了战争这一大目标服务的。他们崇尚战争，希望中华民族能"在世界大政治角逐中取得胜利"，并认为，在这硝烟弥漫的"战国"时代，中国必须在"重新估定一切的价值"的基础上"重新创造一个新的文化"。而这些正是尼采思想的重要组成部分，他们试图借用尼采的学说来解释甚至解决当时中国各个领域的问题，掀起了第二次尼采热，尼采成了该学派的精神领袖。这一时期研究和宣传尼采思想的著作主要有：《从叔本华到尼采》《尼采与近代史教育》《尼采与〈红楼梦〉》《尼采的思想》《尼采心目中的女性》《尼采的政治思想》《尼采的道德观念》《尼采的无神论》《尼采的悲剧说》《鲁迅与尼采》等等。

然而，战国策派一出现就引起了许许多多的质疑。在日本法西斯大举侵华、国难当头的政治大背景下，他们仍热衷于为战争喝彩就显得不合时宜了。这是为了救国图强，还是在为日本侵略中国辩护和论证，其目的不得而知。在中国的近代史中，战国策派通常被介绍为："在抗日战争时期，中国现代唯心主义哲学营垒中还曾经冒出过公开鼓吹法西斯主义反动哲学的'战国策派'，其主要代表人物是陈铨、林同济、雷海宗等。他们大肆宣扬唯意志论和唯心史观。"他们以报刊为阵地，"反对马克思主义，反对中国共产党，极力为国际帝国主义扩大侵略战争和国内蒋介石集团维护反对统治寻找理论根据"。爱国人士章汉夫称战国策派为"希特勒主义者的第五纵队"，胡绳则批评其为"最下流的唯心论的代表"。

因此，总的来说这一时期对尼采及其学说的评价批判多于赞扬，否定多于肯定。这之后，直到 20 世纪 70 年代，国内对尼采及思想的研究基本中断，中华人民共和国成立后的三十年间，中国大陆没有出版过一本尼采的著作。

第三次，是 20 世纪 80 年代后，主要是在 1985 年至 1989 年。

20 世纪 80 年代中后期，随着改革开放的不断深入，被压抑了很久的个性和创造性迸发出来，人们纷纷转向西方思想探求精神食粮，大量地阅读和翻译西方著作。一时间，萨特与存在主义、弗洛伊德与精神分析学说如潮水般涌入中国。之后是尼采和他的思想，人们贪婪地从中吸取新思想、新知识，特别是尼采优美的文字让众多年轻人为之疯狂，尼采思想再一次在中国掀起了热潮。

这次热潮来势汹汹、反响强烈，是前两次尼采热无法比拟的。这一时期，国内对尼采著作的阅读人数和研究程度都远远超出同期的其他外国思想家。人们阅读的著作主要是《悲剧的诞生》《查拉图斯特拉如是说》等，国内出现了陈鼓应的《悲剧哲学家尼采》和周国平的《尼采——在世纪的转折点上》等著作。特别是周国平先生的这部著作，标志着我国对尼采哲学的评价发生了重大的转折。周先生在书的扉页中这样写道："本书献给不愿根据名声和舆论去评判一位重要思想家的人们。"在书中周国平先生进行了科学的分析，概括了尼采哲学思想的四点贡献。第一，尼采从基督教信仰业已破产的事实，引出一切传统价值必将随之崩溃的结论。第二，尼采强调每个人必须独立地为自己创造价值，提倡个人至上，自我实现。第三，尼采揭示了科学理性的局限性，揭示并剖析了人的无意识领域。第四，尼采是现代西方哲学人学主义的创始人之一，他对人性的看法以人的超越为基调，富有现代特点。他还揭示了误解尼采为"法西斯主义思想家"的缘由：一是希特勒等法西斯主义者阴谋利用；二是尼采死后，其妹伊丽莎白对尼采著作的篡改，力图使尼采思想符合当时上层社会的思想欲求。这本书点燃了我国青年人的热情，掀起了第三次尼采热。

据一项调查，1988 年对北京、上海、广东、辽宁、陕西五省市大专院校学生进行的调查结果显示，青年学生对西方思想家最了解的前三位分别是弗洛伊德、尼采、萨特。在陕西省的调查发现，在十二位现代西方学者中，青年学生了解最多的是弗洛伊德，占 65.7%，尼采紧随其后，占 57.7%，第三位是萨特，占 31.9%。在上海，1990 年据上海高等教育研究所对上海十八所大学调查显示，青年学生对尼采著作很感兴趣。"问：您对哪位西方学者的观点、著作感兴趣？"回答萨特的占 11.95%，回答尼采的占 27.74%，回答马克思的占 25.78%。部分青年学生认为尼采的唯意志论对于"改造中国的中庸之道有作用"，它"能激发民族和个人在生存中的竞争心理和适应能力"。"尼采热"促成了大量翻译和研究尼采的论著发行出版。

尼采曾预言："总有一天我会如愿以偿。这将是很远的一天，我不能亲眼看到了。那时候人们会打开我的书，我会有读者。"尼采的时代在他死后近一个世纪终于到来，也应验了"有的人死后方生"。尼采杀死了上帝！不，应该是上帝先杀死了尼采，而后尼采又杀死了上帝，并得以永恒轮回！

附录

年　谱

1844 年　10 月 15 日，尼采诞生于普鲁士萨克森州的洛肯
　　　　镇。1849 年 7 月 30 日，父亲患脑软化症病逝。

1850 年　举家迁往塞尔河畔的瑙姆堡。

1858 年　10 月起，在瑙姆堡近郊的普福塔高等中学读书。

1864 年　10 月，进波恩大学学习神学与古典语言学。

1865 年　10 月，转入莱比锡大学。

1867 年　10 月，被征召入瑙姆堡炮兵团。

1868 年　4 月，因伤退伍。11 月 8 日初识瓦格纳。

1869 年　2 月，受聘巴塞尔大学，担任古典语言学的副教
　　　　授。4 月，脱离普鲁士国籍，成为瑞士人。5 月 28 日，
　　　　在巴塞尔大学发表就任讲演，讲题为"荷马和古典
　　　　语言"。

1870 年　4 月，升为正教授。8 月，普法战争爆发，志愿从
　　　　军担任卫生兵。

　　　　10 月退伍，返回巴塞尔大学。

1871 年　开始撰写《悲剧的诞生》。

1872 年　1 月，出版《悲剧的诞生》。

1873 年　《不合时宜的沉思》的第一篇《忏悔者和作家大卫·施特劳斯》出版。

1874 年　发表《不合时宜的沉思》第二篇《作为教育家的叔本华》、第三篇《历史对人生的利弊》、第四篇《理查德·瓦格纳在拜洛特》。撰写了《人性的，太人性的》最初的备忘录。

1878 年　与瓦格纳的友谊终结。1 月 3 日，瓦格纳赠送《帕西法尔》一书。5 月《人性的，太人性的》第一篇出版；致瓦格纳最后一封信，附《人性的，太人性的》赠书一册。重病。辞去巴塞尔大学教席。

1879 年　《人性的，太人性的》第二篇上半部出版。

1880 年　发表《漂泊者和他的影子》，后来作为《人性的，太人性的》第二篇下半部出版。

1881 年　1 月完成《朝霞》，6 月出版。7 月，在西尔斯·马莉亚度夏。8 月，孕育了"永恒之流"的思想。

1882 年　3 月，至西西里旅行。4 月，开始与莎乐美交往。5 月，完成《快乐的科学》并出版。

1883 年　2 月，瓦格纳病逝。执笔撰写《查拉图斯特拉如是说》第一部，6 月出版。7 月，执笔《查拉图斯特拉如是说》第二部。

1884年　1月，在威尼斯，执笔撰写《查拉图斯特拉如是
　　　　说》第三部。

　　　　11月起执笔《查拉图斯特拉如是说》第四部（1885
　　　　年私家出版）。1885年执笔《善与恶的超越》。

1886年　7月，《善与恶的超越》出版。

1887年　7月，完成《道德的谱系》，11月私家出版。

　　　　11月11日，致罗德最后一封信。

1888年　5月，执笔《瓦格纳事件》，9月出版。《狄俄尼
　　　　索斯之颂》脱稿。8—9月撰写《偶像的黄昏》（1889
　　　　年出版）。9月，撰写完成《反基督》，10—11月撰
　　　　写《瞧！这个人》。12月撰写《尼采反对瓦格纳》《心
　　　　理学家的公文书》，去世后收入全集中出版。

1889年　1月，在特里诺遭到最后的打击，患了严重的中
　　　　风。出现精神分裂症状，被送进耶拿大学医院精神科，
　　　　母亲赶来照顾。

1897年　复活节，母亲病逝。由其妹朝夕看护。

1900年　8月25日逝世，8月28日葬于故乡洛肯镇。死
　　　　后与柏拉图、亚里士多德、斯宾诺莎、康德、叔本华、
　　　　黑格尔并列为世界哲学史上不朽的思想家。

参 考 书 目

1.尼采.《悲剧的诞生》[M].桂林：漓江出版社，2007年.

2.尼采.《人性的，太人性的》[M].上海：华东师范大学出版社，2008年.

3.尼采.《权力意志》[M].北京：商务印书馆，2007年.

4.尼采.《苏鲁支语录》[M].北京：商务印书馆，1992年.

5.叔本华.《作为意志和表象的世界》[M].北京：商务印书馆，1982年.

6.尼采.《上帝死了》[M].上海三联书店，1997年.

7.马丁·海德格尔.《尼采》[M].北京：商务印书馆，2002年.

8.恩斯特·贝勒尔.《尼采、海德格尔与德里达》[M].北京：社会科学文献出版社，2001年.

9.罗素.《西方哲学史》[M].北京：商务印书馆，1976年.

10.尼采.《查拉图斯特拉如是说》[M].上海：三联书店，2007年.

11.尼采.《偶像的黄昏》[M].上海：华东师范大学出版社，2007年.

12.尼采.《快乐的知识》[M].北京：中央编译出版社，2007年.

13.尼采.《朝霞》[M].北京：华东师范大学出版社，2007年.

14.王岩.《政治哲学——理性反思与现实求索》[M].北京：世界知识出版社，2006年.

15.王岩，主编.《中外政治哲学研究》[M].北京：世界知识出版社，2004年.

16.汪民安，陈永国，编.《尼采的幽灵——西方后现代语境中的尼采》[M].北京：社会科学文献出版社，2001年.

17.金惠敏，薛晓源.《评说"超人"》[M].北京：社会科学文献出版社，2001年.

18.丁建弘.《大国通史——德国通史》[M].上海：上海社会科学出版社，2007年.

19.王守昌.《新思潮——西方非理性主义述评》，[M].北京：东方出版社，1998年.

20.刘小枫，主编.《动物与超人之间的绳索》[M].北京：华夏出版社，2006年.

21.露·莎乐美.《情遇尼采》[M].北京:社会科学文献出版社,2002年.

22.陈鼓应.《悲剧哲学家尼采》[M].上海:上海人民出版社,2006年.

23.陈鼓应.《尼采新论》[M].上海:上海人民出版社,2006年.

24.王江松.《悲剧哲学的诞生》[M].北京:中国社会科学出版社,2009年.

25.部元宝.《尼采在中国》[M].上海:上海三联书店,2001年.

26.刘小枫,倪为国,选编.《尼采在西方——解读尼采》[M].上海:三联书店,2006年.

27.张文涛.《尼采六论》[M].上海:华东师范大学出版社,2007年.

28.彼德斯.《尼采兄妹》[M].北京:中央编译出版社,2001年.

29.伊沃·弗伦策尔.《尼采传》[M].北京:商务印书馆,1988年.

30.周国平.《尼采诗选》[M].北京:中国文联出版社,1986年.

31.刘根报.《尼采》[M].合肥:安徽人民出版社,

2001 年.

32.尼采.《历史对人生的利弊》[M].北京:商务印书馆,1998 年.

33.李瑜青.《叔本华经典文存》[M].上海:上海大学出版社,2006 年.

34.魏金声.《现代西方人学思潮的震荡》[M].北京:中国人民大学出版社,1997 年.

35.陈嘉明.《现代性与后现代性十五讲》[M].北京:北京大学出版社,2006 年.

36.戴维·罗宾逊.《尼采与后现代主义》[M].北京:北京大学出版社,2005 年.